KB276066

10대와 통하는
우리말 바로쓰기

10대와 통하는 우리말 바로쓰기

제1판 제1쇄 발행일 2011년 10월 9일
       제9쇄 발행일 2025년 1월 20일

글 | 최종규
그림 | 호연
기획 | 책도둑(김민호, 박정훈, 박정식)
디자인 | 김효중
펴낸이 | 김은지
펴낸곳 | 철수와영희
등록번호 | 제319-2005-42호
주소 | 서울시 마포구 월드컵로 65, 302호(망원동, 양경회관)
전화 | (02)332-0815
팩스 | (02)6003-1958
전자우편 | chulsu815@hanmail.net

ISBN 978-89-93463-18-7   43710

철수와영희 출판사는 '어린이' 철수와 영희, '어른' 철수와 영희에게 도움 되는
책을 펴내기 위해 노력합니다.

10대와 통하는 우리말 바로쓰기

글·최종규 | 그림·호연

철수와영희

푸른말 · 삶말 · 사랑말

저는 시골에서 살아가는 아저씨입니다. 제가 태어난 곳은 인천 도화동 골목동네였고, 고등학교 1학년이 될 때까지 골목동네에서 골목벗하고 사귀며 지내다가 이때부터 인천 연수동이라는 아파트마을로 옮겨 지냈습니다. 1991년 일인데, 이무렵까지 지내던 골목동네도 아파트이기는 했는데, 5층짜리 아파트였고, 연탄을 때는 살림집이었습니다.

제가 집을 나서며 학교로 가는 길에는 ㅈ이라는 커다란 식품공장이 인천 앞바다로 흘려보내는 쓰레기물이 냇물을 따라 코를 찌르는 냄새를 풍기며 흘렀습니다. 학교 가는 길에는 여름날 시원하게 물을 뿜는 작은 못이 있었고, 예전에 인천에서 시외버스를 타는 곳으로 이어지는 구름다리가 있었으며, 기찻길이 있었어요. 학교로 갈 때면 언제나 연탄공장 뒤쪽 기찻길을 밟으며 하나 둘 셋 …… 백 이백을 셌습니다. 탄을 가득 싣고 까만 먼지를 날리는 기차가 지나갈 때에는 병마개를 철길에 얹어 놓고 납짝쿵을 했습니다. 초등학교로 이름이 바뀐 국민학교를 다닌 해가 1982년부터 1987년입니다. 이동안 국민학생은 버스삯으로 60원을 치르다가(1982년) 90원을 치릅니다(1987년). 그러니까 이때에는 10원짜리 쇠붙이 돈닢 하나

조차 몹시 알뜰히 건사해야 했어요. 10원짜리이든 1원짜리이든 철길에 올려놓을 만큼 돈이 넘치는 동무는 없었답니다.

2011년을 맞이하면서 서른일곱 나이가 된 저는 멧기슭에 자리한 시골집에서 딸 사름벼리와 아들 산들보라를 옆지기랑 함께 돌봅니다. 집일은 아이 아버지인 제가 도맡습니다. 인천에서 태어나고 자랐으나 아파트마을이 싫어 고등학교를 마친 뒤에 곧바로 집을 박차고 나와, 대학교가 있는 서울로 갔는데, 충주 멧골마을로 들어가 네 해 반을 지내고서 인천으로 돌아와 세 해 반을 살다가, 다시 충주 멧골마을로 들어와 살았으나, 이제는 다른 시골마을로 새로 옮겨서 삽니다. 이동안 혼자 살림을 꾸렸는데, 제 조그마한 살림집에는 빨래하는 기계나 텔레비전은 들이지 않았습니다. 이밖에 자동차라든지 청소기라든지 전자레인지 같은 전기 먹는 물건을 집 안에 안 들입니다. 자동차가 없으니 아이하고 읍내에 마실을 갈 때에는 시골버스를 탑니다. 때로는 자전거에 아이수레를 붙이고 낑낑 끙끙 영차영차 하면서 산을 타고 구비를 돌아 읍내 저잣거리 마실을 해요.

기계로 하는 빨래를 안 하니까 제가 하는 빨래는 마땅히 손빨래일 테지요. 예전에는 누구나 손으로 빨래를 했으니 '손빨래'라는 낱말은 없었어요. 이리하여 예전 낱말책, 그러니까 '국어사전'에는 '손빨래'라는 낱말은 안 실렸는데, 이제는 이 낱말을 낱말책에 실어 놓습니다.

요즈음 손으로 종이에 글을 적어 띄우는 동무가 있는지 궁금하네요. 지난날 손빨래라는 낱말을 쓰지 않았듯이 '손글씨'라는 낱말 또한 안 썼어요. 그러나 이제는 누구나 셈틀, 그러니까 '컴퓨터'를 켜서 글을 쓰니, 손으로 애써 글을 쓸 때에는 따로 '손글씨'라는 낱말로 가리킵니다. 그러면

이 낱말 '손글씨'는 낱말책에 실렸을까요? 어때요? 실렸으려나요, 안 실렸으려나요?

두 아이를 돌보며 살아갈 아버지이자, 동무들한테는 아저씨일 제가 하는 일은 글쓰기와 사진찍기입니다. 이 두 가지 일을 하면서 밥벌이를 합니다. 널리 팔리는 글을 쓰지 못하고, 사람들이 즐겨찾는 사진을 찍지 못합니다. 저는 제가 좋아하는 글을 쓰고, 제가 사랑하는 모습을 사진으로 찍습니다.

제가 쓰는 글은 이 책을 읽을 동무들이 마주할 '우리말' 이야기에다가 '책과 헌책방'을 다루는 글입니다. 제가 찍는 사진은 헌책방 사진에다가 골목길 사진이랑 우리 아이 자라나는 모습 사진이에요. 그닥 돈 될 만한 글이 못 되지요. 그렇지만 저는 돈이 될 글보다는 제 삶을 살찌울 글을 좋아합니다. 백만 사람이 찾아 읽어 줄 글을 쓰기보다는 다만 백 사람이나 열 사람이 찾아 읽어 주더라도, 제 글을 읽어 주는 사람들이 스스로 힘을 쓰고 마음을 기울여 삶을 한결 아름다이 가다듬는 기운과 넋과 슬기를 몸소 빛도록 어깨동무하고 싶습니다.

언제부터 이렇게 생각하며 살았나 하고 더듬어 보면, 저도 잘 떠올리지 못합니다. 어쩌면 굳이 떠올릴 만한 이야기는 아닐는지 몰라요. 그래도 한 가지 생각해 보면, 1998년이었나 이오덕 선생님을 찾아뵌 적이 있습니다. 저는 1995년부터 혼자 글을 쓰고 엮어서 '우리말 소식지'를 주마다 내놓았고, 이 소식지를 이오덕 선생님한테도 부쳤는데, 어느 날 저한테 전화를 거시더니 만나고 싶다 하셨어요. 이때 저는 신문배달을 하면서 먹고살았기에, 일을 쉬는 낮을 틈타 과천으로 전철을 타고 찾아갔습니다. 나어린

6

젊은이를 마주한 선생님은 두 시간 즈음 조곤조곤 도움말을 들려주었는데, 이리 해라 저리 해라 하는 말은 한마디 없었습니다. 꼭 두 대목만 짚으면서 앞으로도 기운 내어 잘 해 달라고 말씀했습니다. 이때 들은 두 대목은, '가끔씩' 하고 '불리다' 입니다. '가끔' 이라는 낱말은 '-씩' 을 붙이면 겹말이 된다 했고, '불리다' 는 잘못 쓰는 말일 뿐 아니라 '부르다' 같은 낱말도 아무 자리에 함부로 쓰면 안 된다 일깨워 주었습니다.

우리말 소식지를 낸답시고 버둥대던 저로서는 참 부끄러웠습니다. 그렇지만 고작 스물네 살짜리 앳된 젊은이가 무엇을 제대로 알겠습니까. 더군다나 초·중·고등학교 열두 해에 걸쳐 제도권 학교에서 제도권 교과서를 달달 외면서 제도권 말하고 글에 온통 젖어든 몸과 마음이었는데요.

늘 그렇지만, 이렇게 큰 어르신을 한 번 만나 뵌 뒤로 제 글과 말을 더 찬찬히 헤아리며 지냅니다. 내 어릴 적에 이웃 어른한테서 듣던 말을 곰삭이고, 내 어릴 적에 내 골목동무랑 나누던 말을 돌이킵니다. 내 몸에 나 스스로 아로새긴 살아 숨쉬는 말을 곱씹고, 내 둘레 곱고 고마운 분들 놂에 살포시 깃든 싱그러운 말을 귀 기울여 듣습니다.

어쩌면, 1998년 어느 날 이오덕 선생님을 만나 뵌 자리에서 더 좋은 말씀을 많이 들었는데 다 잊었는지 모릅니다. 고작 두 대목만 떠올린다 할 수 있어요.

이 책을 읽어 줄 반가운 '말사랑 푸른벗' 님들 또한 비슷하지 않으랴 생각합니다. 저는 '청소년' 이라는 낱말보다 '푸름이' 라는 낱말을 좋아하고, 이 책을 읽을 푸름이들은 '말사랑 푸른벗' 이라는 이름으로 부르고 싶습니다. 단출하게 '말사랑벗' 이라 해도 되겠지요? 아무튼, 이 책에 적바림한 모든 이야기를 샅샅이 머리에 담는다거나 달달 외워야 하지 않으니까요, 즐겁고 홀가분하게 읽어 주면 고맙겠습니다. 앎조각으로 읽는 책이 아니라, 내 슬기를 가다듬으면서 내 생각힘을 북돋우는 책으로 삼아 주면 기쁘겠어요. 우리 말사랑벗 누구나 좋은 밑말을 다스리면서 밑넋과 밑삶을 알차게 가꾸어 주면 반갑겠어요.

'밑말'이나 '밑넋'이나 '밑삶' 같은 말이 좀 낯설려나요, 퍽 어려우려나요. 이 낱말은 낱말책에 안 실린 낱말인데, 가끔 이런 낱말을 써 보곤 해요. '밑말'이란 말 그대로 밑이 되는 말, 밑바탕이 되는 말입니다. 내가 하는 말을 새로 태어나도록 이끌거나 새삼스레 일구는 밑바탕이 되는 말이 밑말이에요. 이와 마찬가지로, 밑넋이라 한다면 말사랑벗이 고우면서 참답고 착한 넋을 일구는 밑바탕이 되는 넋이에요. 더 똑똑한 사람이 되기보다는 더 고운 사람이 되면 좋겠고, 더 참다우면서 더 착한 사람으로 살아가는 데에 이 책이 길동무가 되도록 힘쓸 생각이에요. 그러면 '밑삶'이란 무엇을 말하려 하는지 알 만하지요?

우리 말사랑벗뿐 아니라 모든 푸름이가 쓰는 말을 일컬어 '푸른말'이라고 생각합니다. 푸름이를 비롯해 어린이와 어른 모두 쓰는 말이란 '삶말'이라고 생각해요. 우리들이 서로서로 아끼고 믿으며 기대거나 도우면서 나누는 말이란 '사랑말'이라고 생각해요.

두 아이 아버지이자 아저씨인 저는 이 푸름말, 삶말, 사랑말을 보듬는 매무새를 이 책에 하나둘 담으려 합니다. 잘 따라와 주시면 좋겠어요. 따라오다가 힘들면 쉬엄쉬엄 오셔요. 너무 벅차다면 한참 쉬어도 되고, 다른 데를 들렀다가 다시 찾아와도 돼요. 언제나 곁에 놓고 쓰다듬어 준다면 더

할 나위 없이 기쁘지요.

말사랑벗들이 둘레 어른한테서나 다른 동무한테서나 좋은 말과 넋과 삶을 받아들이거나 눈여겨보면서 말사랑벗들 마음밭을 알뜰살뜰 일구면 참 기쁘겠습니다. 따순 손길을 내미는 말을 아끼고, 너른 마음을 펼치는 글을 사랑해 주면 더욱 기쁘겠어요.

자, 이제부터 함께 손을 맞잡고 맑으면서 고운 길을 걸어 봐요.

2011년 9월

ㅎㄲㅅㄱ

즐겨찾기

가. 우리말 생각

말이란 말재주가 아니라, 내 삶을 일구는 하루하루를 곱게 들려주는 이야기예요. 글이란 글솜씨가 아니라, 내 꿈을 이루는 어제오늘을 예쁘게 나누는 이야기예요. 입으로 읊어 말이고, 손으로 적어 글입니다. 말을 하듯이 글을 쓰고, 글을 쓰듯이 말을 합니다. 말과 글은 동떨어진 두 가지가 아니에요. 입으로 하는 말과 손으로 쓰는 글은 다르지 않습니다. 입으로 말할 때처럼 손으로 글을 써야 아름답고, 손으로 글을 쓰듯 입으로 말할 때에 어여뻐요.

ㄱ. 우리말과 우리 말

　우리 겨레는 다른 겨레하고는 사뭇 동떨어진 말이랑 글을 씁니다. 이를 가리켜 손쉽게 '우리말'이라 하는데, 이 낱말부터 '우리말'로 써야 하느냐 '우리 말'로 띄어야 하느냐를 놓고 이야기를 많이 나눈답니다. 저는 '우리 말'로 띄어서 적는 사람입니다. 그러나 이 책에서는 '우리말'로 붙여서 적겠어요. 궁금한가요? 제 잣대로는 '우리 말'로 띄면서 이 책에서는 '우리말'로 붙이는 까닭이.

　머리말에서 따로 밝히지 않았는데, 시골 아저씨는 이 책을 쓰면서 책이름이 영 못마땅했답니다. '아니, 우리가 쓰는 말과 글을 다루는 이야기책인데, 이런 책에 '通하다'처럼 얼토당토않게 얄궂은 외마디 한자말을 버젓이 집어넣을 수 있담?' 하고 생각했어요. 그러나 굳이 드러내지 않았어요. 이 책을 내놓아 준 출판사에서 나온 다른 책늘이 하나같이 "10대와 봉하는 ……"으로 책이름을 삼았거든요. 이런 흐름에 아저씨 혼자 팔뚝질을 하면서 모난 돌이 될 수는 없습니다. 다만, 책이름은 못마땅한 그대로 두되, 왜 못마땅해하는가를 찬찬히 다루고 싶었어요.

10대와 만나는 우리말

10대와 어깨동무하는 우리말

10대와 어우러지는 우리말

10대와 마음 나누는 우리말

10대와 나누는 우리말

10대와 이야기하는 우리말

10대와 이어지는 우리말

10대와 사이좋은 우리말

10대와 사랑하는 우리말

……

좋거나 잘 어울리는 이름은 얼마든지 생각해 낼 수 있어요. 생각할 때에 얻는 좋은 이름이에요. 생각하며 사랑할 때에 비로소 깨닫는 좋은 이름이고요. '通하다'는 우리말이 아닌 일본말, 낱낱이 따지자면 일본 한자말이지만, 이런 말마디를 오늘날 우리 어른들은 너무 함부로 써 버릇해요. 어른들부터 이런 말버릇을 고쳐야 하는데, 어른들부터 이런 말버릇을 못 고치고 말아요. 익숙하다는 대로 그냥 쓰고, 젖어든 대로 깊이 생각하지 않고 씁니다.

어찌 보면 자잘한 말버릇이겠지요. 그런데 자잘한 말버릇 하나 제대로 건사하지 못하면서 '뒤틀린 사회나 정치나 경제나 문화나 교육'을 바로잡을 수는 없겠지요. 노상 '작은 것이 아름답다'고 말하는 어른들이지만, 정작 '작다 할 만한 말투 하나 살가이 추스르지 못하'며 살아가잖아요.

우리들이 옳고 바른 삶터를 꿈꾼다면, 우리가 늘 쓰는 말부터 옳고 바른 말이 되도록 땀흘려야 한다고 느껴요. 가장 낮고 가장 초라하며 가장 구석진 자리부터 차근차근 가누면서 아름다운 길을 열어야 한다고 생각해요.

그래요, 어른들은 이처럼 말과 삶이 어긋난 채 산답니다. 말과 삶이 어

굿난 바람에 착한 말이나 참다운 말이나 고운 말을, 다른 누구보다 어른들이 가장 못 써요. 말사랑벗들이 '외계어'나 '통신체'를 쓴다고 나무라는 어른들이지만, 정작 이 어른들 가운데 '일제강점기에 스며들거나 퍼진 일본 제국주의 말마디'를 말끔히 털어낸 분은 거의 없어요. 쓰지 말아야 할 일본 한자말이나 일본 말투나 서양 번역투나 영이 따위를 멋대로 뇌까리는 사람은 바로 어른이에요. 푸름이가 아닙니다. 어린이 또한 아니고요. 어른이 잘못 쓰거나 엉터리로 쓰는 말을 듣거나 읽어야 하는 푸름이랑 어린이가 똑같이 잘못 쓰거나 엉터리로 쓰고 맙니다. 푸름이와 어린이 가운데 '우리말'로 적어야 옳으냐 '우리 말'로 적어야 옳으냐를 제대로 가눌 벗은 거의 없으리라 보는데, 어른도 매한가지예요. 아니, 어른부터 제대로 가누지 못해요.

우리말 / 우리글 / 우리나라

낱말책을 살피면 꼭 세 낱말, '우리말'이랑 '우리글'이랑 '우리나라'는 붙여서 씁니다. 이 나라 이 땅에서만 쓰는 말과 글이라 해서 '우리말'이랑 '우리글'을 붙이도록 하고, 덩달아 '우리나라'를 붙이도록 해요.

'우리나라'를 붙이도록 한 까닭은, 사람들이 이 낱말을 자주 쓰기 때문이라 했습니다. 자주 안 썼다면 안 붙였다고 하는데, 사람들이 자주 쓰는 '신나다' 같은 낱말은 여태껏 한 낱말이 못 된답니다. 자주 쓰기는 하지만 '문학책이나 신문이나 논문에 이 낱말(신나다)이 자주 드러나지 않기 때문에 보기글이 모자라'서 붙일 수 없다고 해요.

나쁜 법도 법이라서 지켜야 한다 이야기하고, 알맞지 않아도 이렇게 하기로 다짐했으면 서로 지켜야 한다 이야기합니다. 말사랑벗 또한 이 나라 어른들이 마련한 말법을 고스란히 따르면서 살아야 한다고 이야기할 수 있어요. 학교에서 배우는 교과서라든지, 책방에 가득한 책을 들여다보면, 모두들 맞춤법과 띄어쓰기와 표준말을 다루는 이야기 테두리에서 벗어나지 않습니다. 푸른 벗님들이 푸른 꿈과 넋과 슬기를 꽃피우도록 이끄는 이야기로 거듭나는 책은 쉬 만날 수 없어요.

이 자리에서 모든 이야기를 다 풀어놓을 수는 없고, 또 '우리말'하고 '우리 말' 가운데 어느 쪽이 맞느냐는 이야기만 놓고도 책 한 권을 쓸 수 있기까지 해요. 이 작은 책에서 이 이야기를 모두 다룰 수는 없어요. 구태여 다루어야 하지는 않지요. 다만, 한 가지는 밝힐게요. '우리말-우리글-우리나라'처럼 새 낱말을 빚어서 쓰는 틀이 마련되었다면, 말사랑벗

들은 '우리책-우리꿈-우리학교-우리겨레-우리민족-우리영화-우리
땅-우리바다-우리하늘-우리산' 같은 말도 나중에는 얼마든지 쓸 수
있어요. 2011년 오늘은 못 쓸 테지만, 2050년이라든지 2111년에는 누구
나 이렇게 쓸 수 있답니다.

　말법은 삶터와 사람에 따라 달라지거나 거듭납니다. 우리말은 우리 스
스로 우리 삶을 아끼고 우리 삶을 사랑하며 우리 삶을 살찌우는 결대로 새
로워지거나 다시금 태어납니다.

ㄴ. 한글날

　해마다 시월 구일은 한글날입니다. 한글날은 퍽 오랫동안 '하루 쉬는 날'이었고, 이날에는 하루 쉬면서 한글날 마련한 뜻을 기리는 잔치를 벌였어요. 이러다가 한동안 '쉬지 않는 날'로 바뀌었는데, 한글날을 다시 '하루 쉬는 날'로 바꾸려고 여러 사람들이 애썼어요. 왜냐하면, 한가위와 설날 못지않게, 또 일제강점기에서 풀려난 날 못지않게, 우리 겨레와 나라한테 뜻깊은 날이기 때문이에요.

　한글이란, 한국사람이라면 누구나 쓰는 말을 담는 그릇입니다. 한국사람 누구나 글을 깨치며 삶과 넋과 꿈을 더 넓게 북돋우도록 돕는 바탕입니다. 그래서, 한글날을 설날이나 한가위나 다른 기림날처럼 '하루 쉬는 날'로 삼아 더 깊고 넓게 돌아보면서 생각하자는 뜻이지요.

　한글날은 '한글을 기리는 날'입니다. 한글날은 우리말을 기리는 날이 아니에요. 흔히들 한글날을 맞이해서 우리말을 아끼고 사랑하자고 이야기하지만, 한글날이 태어난 까닭은 우리한테 우리글이 없던 설움과 아쉬움을 훌훌 털어 기쁨을 나누고 싶었기 때문이에요.

　'한글'은 '한힌샘'이라는 이름을 따로 쓰면서 살았던 주시경 님이 새로 빚은 낱말입니다. 머나먼 옛날, 이 나라가 '조선'이라는 이름을 쓰던 때에는 '訓民正音'이라는 이름을 썼어요. 때로는 '諺文'이라 했고요. 말사랑벗들이 잘 헤아리셔야 하는데, '훈민정음'이나 '언문'이 아닌 '訓民正音'하고 '諺文'이었어요.

왜 이렇게 썼을까요? 왜 이러한 이름이 붙었을까요?

지난날 임금님이나 신하나 사대부나 지식인들은 누구나 漢文을 썼습니다. 입으로 읊는 말은 여느 사람들 누구나 쓰는 '한겨레 말'을 썼을 테지만, 글로 적바림할 때에는 '漢文'을 썼어요. 이 또한 곰곰이 생각하셔야 하는데 '한문'이 아닌 '漢文'을 썼어요. 왜냐하면 지난날 임금님부터 지식인까지 하나같이 중국을 높이 우러르거나 섬겼거든요.

오늘날 이 나라 대통령부터 지식인까지 한결같이 미국을 높이 우러르거나 섬기는 모양새하고 닮습니다. 이리하여 요즈음 대통령이든 지식인이든, 어른들은 '영어'가 아닌 'English'를 써요. '한문' 조차 아닌 '漢文'을 쓰던 때에는 '훈민정음'이 아닌 '訓民正音'을 지었고, 이러한 글로 중국말을 손쉽게 적바림하려고 했습니다.

또한, 이 '訓民正音'은 어려운 '漢文'을 모르는 여느 가난한 농사꾼들한테 뭐 하나 알리려 할 때에 무척 도움이 돼요. 왜 그러느냐면, 나랏님이 뭐 하나 명령을 하거나 지시를 하달 때에는 '漢文'으로 종이에 글을 쓰잖아요. 여느 가난한 농사꾼들은 이 '漢文'을 못 읽어요. 학교에서 역사를 가르칠 때에 들었을 텐데, 여느 가난한 농사꾼들은 글을 배우지 못했어요. 여느 가난한 농사꾼한테 글을 가르치지 않았어요. 여느 가난한 농사꾼들이 글을 배워서 나라를 뒤집을까 걱정하기도 했을 테고, 여느 가난한 농사꾼들은 권력자한테 그예 짓눌리기를 바라기도 했으리라 생각해요.

무엇이 옳고 무엇이 그른가를 여느 가난한 농사꾼들이 깨닫는다면, 이른바 '민란'이라는 이름으로 농사꾼들이 힘을 똘똘 뭉쳐서 잘못된 사회와 제도를 바로잡거나 고치려고 일어섭니다. 그러니까 예부터 여느 가난한 농사꾼을 못 가르치도록 하려 했고, 다만 나랏님 명령과 지시사항은 잘 알아듣도록 하려는 뜻에서 '訓民正흡'을 만들었어요.

지난날에는 이 나라에서 95퍼센트쯤 되는 사람들이 '글을 모르는 사람' 이었어요. 이러니까 '글을 아는 사람' 인 양반이나 사대부나 지식인이 '漢文으로 내려온 명령과 지식' 를 하나하나 풀어서 알려주거나 읽어야 했지요. 나라를 다스리는 쪽에서 보자면 얼마나 힘들고 번거로웠을는지 알 만한 노릇입니다.

오늘을 살아가는 우리들은 바로 이 한글이 있기 때문에 마음껏 생각하고 신나게 꿈을 꾸는 한편, 책이든 글이든 무어든 넉넉하게 즐길 수 있어요. 그렇지만, 지난날 조선 나라에서는 '이렇게 한 나라 모든 사람이 글을 쉽게 쓰거나 읽으며 생각을 꽃피우기를 바라지 않았' 어요. 나랏님이 시키는 일을 잘 따르기를 바랐고, 나랏님 뜻대로 나라를 다스릴 생각에 머물렀습니다.

말과 글이 동떨어지기도 했고, 나랏님과 나랏사람(그러니까 '백성')이 멀리 갈리기도 했던 지난날입니다. 그렇지만, 지난날에야 그러하기는 했으나, 이 한글이라는 글은 더없이 손쉽게 익혀 그지없이 알차게 쓸 만한 글이었어요.

1900년대에 이르러 이 글이 얼마나 값있고 뜻있는가를 깨달은 몇몇 지식인들은 '당신들은 漢文만으로도 넉넉히 당신 넋을 밝히며 당신 일자리를 얻고 당신 꿈을 펼칠 수 있었' 습니다만, 이 '기득권을 스스럼없이 내려놓고는 우리글 갈고닦기를 처음으로 했' 어요. 이때에 새로 붙은 이름이 '한글' 이에요.

　　이리하여 1900년대 첫머리부터 1945년 해방이 될 때까지 한글운동을 하던 숱한 어른들은 독립운동에 똑같이 몸을 담기 마련이었습니다. 한글을 살리거나 나누거나 알리는 일이란, 이 나라 가난한 여느 농사꾼을 일깨우면서 '일본 제국주의자'한테 짓눌린 삶을 떨쳐 일어나도록 이끄는 일이었어요.

　　오늘날에도 'English'가 아닌 바르고 알맞으며 고운 '우리말'을 제대로 살피고 익히며 매무새를 건사하면서 쓰는 일이란, 참다이 나라를 사랑하고 겨레를 살찌우며 내 고향마을을 돌보는 일이라 할 수 있어요. 말사랑이란 삶사랑이고 글사랑이란 사람사랑이에요. 한글을 사랑하는 일이란 이웃을 사랑하는 일이고, 우리말을 아끼는 일이란 나 스스로를 아끼는 일이랍니다.

　그런데 1900년대에 이르러 처음으로 우리글을 갈고닦은 '깨우친 어르신'들은 '한글'이라는 새 이름까지 사랑스레 붙였지만, 이 보람을 홀로 차지하지 않아요. 맨 처음 이 글을 빚은 세종큰임금님이 '여느 가난한 농사꾼이 글을 익혀 꿈을 꽃피우기를 바라는 넋'은 아니었다 하지만, 이렇게 슬기를 빛내어 글을 빚어 주었기 때문에 이제부터 온 나라 사람들이 말꽃과 글빛을 이룰 수 있는 바탕을 얻었다고 생각했습니다. 한글날은 이렇게 태어났답니다.

ㄷ. 말과 글

말사랑벗들은 말과 글이 어떻게 다른가 하고 이야기할 수 있나요. 말은 무엇이고 글은 무엇인지 가를 수 있는가요.

'한글'은 글을 가리키는 이름입니다. '우리말'은 말을 가리키는 이름이에요. '한글'과 맞물려 '한말'이라는 낱말도 써야 한다는 이야기가 나오곤 합니다. 말사랑벗들은 들어 본 적 있나요?

말과 글이 다르니 마땅히 이처럼 이야기할 만해요. 이제 신문이든 잡지이든 방송이든 한자를 드러내어 쓰는 일이 없어요. 몇몇 신문사는 종이로 찍혀 나오는 신문에 적는 이름에만 한자를 쓸 뿐, 이제는 99.999% '한글만 쓰기'를 하는 이 나라 이 겨레예요. 2%가 아닌 0.001%가 모자라 '말과 글이 하나되지'는 못했으나, 2011년을 놓고 보면 거의 빈틈없이 말이랑 글이랑 하나로 모두었답니다.

말이랑 글이랑 따로 놀던 지난날, 앞서 말했듯이 조선 나라일 때부터 일본한테 짓눌리던 때까지는, 사람들이 입으로 하던 말하고 종이에 적던 글하고 동떨어졌어요. 입으로 나누는 말은 지식인하고든 장사꾼하고든 농사꾼하고든 공장 일꾼하고든 생각을 주고받는 이야기였지만, 종이에 적는 글은 지식인끼리만 주고받는 이야기였어요.

이 때문에 '한자 섞어쓰기'가 끊임없이 말썽거리가 되지요. 왜냐하면, 한자를 잘 알거나 한자 지식이 많은 사람한테는 한자를 섞어서 쓰든 안 쓰든 아랑곳할 일이 아니에요. 그러나, 한자 지식이 많은데 이 한자 지식을

뽐낼 수 없으면 아깝다 생각하겠지요. 누구나 손쉽게 쓰는 말로 글을 적는 다면, 지식 권위와 권력이 흔들릴 테고요. 이렇기 때문에 오늘날 대학생 논문이나 학문책은 죄다 어려운 한자말에다가 영어로 뒤범벅이랍니다. 지식 권력 울타리를 높여야 밥그릇을 지키거든요.

말사랑벗들은 어떻게 생각하나요? 말사랑벗들 할머니나 할아버지, 또는 어머니나 아버지, 또는 이모나 이모부, 또는 고모나 고모부가 '학교 문턱을 밟아 보지 못한 분'이라 할 때랑 '대학교에 대학원에 유학까지 거친 분'이라 할 때랑, 말사랑벗들이 쓰는 말이 어떠한가요. 일곱 살짜리 동생하고 이야기를 나눌 때, 나하고 나이가 같은 동무랑 이야기를 섞을 때, 나보다 두어 살쯤 위인 언니 오빠 형 누나랑 이야기를 즐길 때에는 어떠한 말을 쓰나요.

저는 "언어구사능력"이라든지 "많은 버림이 필요하다"라든지 "악취는 가히 살인적"이라든지 "병역의 의무를 시작했다"라든지 "어떤 식으로 쓸 것인가 하는 것"이라든지 "깊은 감사의 마음을 전하다"라든지 "세세한 관찰이 이루어져야"라든지 "동네는 이야기가 진행되는 시각적 파노라마로 존재한다”라든지 “차 만들기 작업에 들어갔다”라든지 “우아한 얘기가 난무한다”라든지 “깊은 통찰을 제공한다” 같은 말마디를 들을 때마다 소름이 돋습니다. 이런 말마디를 읊는 어른들은 당신 어머니한테도, 당신 아이한테도, 당신 술동무한테도 이런 말마디를 읊으려나요. 우리 말사랑벗들까지 이런 말마디를 읊는다면 얼마나 슬프며 끔찍할까요.

“말솜씨”라든지 “많이 버려야 한다”라든지 “냄새가 코를 찌른다”라든지 “군대에 들어갔다”라든지 “어떻게 쓸까”라든지 “몹시 고맙다고 말하다”라든지 “찬찬히 살펴보았다”라든지 “동네는 이야기가 넓게 펼쳐지는 곳이다”라든지 “바야흐로 차를 만든다”라든지 “아름다운 얘기가 쏟아진다”라든지 “깊이 생각하게끔 한다”와 같이 이야기할 수도 있을 텐데요.

예부터 말을 적으려고 글을 만들었고, 우리가 쓰는 ‘한글’이란 ‘우리말’을 담는 그릇입니다. 그런데 이제는 말을 담는 한글이 아니라, 조선 나라일 때 나랏님부터 지식인이 쓰던 중국 한문에다가, 일본이 이 나라를 짓눌렀을 때에 스며든 일본 한자말이랑 일본 말투가 뒤섞이고, 여기에 영어가 잔뜩 넘나듭니다. 우리는 말이랑 글을 차분하게 가누지 못하는 나날을 보내는 셈이고, 여태까지 우리가 쓰는 말이랑 글을 알뜰살뜰 가누는 나날을 맞이하지 못하는 셈입니다.

말이란 말재주가 아니라, 내 삶을 일구는 하루하루를 곱게 들려주는 이야기예요. 글이란 글솜씨가 아니라, 내 꿈을 이루는 어제오늘을 예쁘게 나누는 이야기예요. 입으로 읊어 말이고, 손으로 적어 글입니다. 말을 하듯이 글을 쓰고, 글을 쓰듯이 말을 합니다. 말과 글은 동떨어진 두 가지가 아니에요. 입으로 하는 말과 손으로 쓰는 글은 다르지 않습니다. 입으로 말할 때처럼 손으로 글을 써야 아름답고, 손으로 글을 쓰듯 입으로 말할 때에 어여뻐요.

예부터 말과 글이 하나로 되어야 한다고들 했습니다. 학교에서 국어 수업 때 들었을는지 모르는데, 한문으로 ‘言文一致’를 이루어야 한다고 했어요. 지난날 지식인한테는 ‘言文一致’인데, 우리 말사랑벗님한테는 ‘말글하나’예요.

그런데 말글하나란 무엇일까요? 입으로 하는 말과 손으로 쓰는 글이 똑같으면 그만일까요? 말글하나가 되려면, 먼저 내 말과 내 삶이 하나여야 합니다. 내가 말을 하듯이 내 삶을 꾸려야 말글하나예요. 내가 글을 쓰듯이 내 삶을 일구어야 말글하나입니다.

나 스스로 몸으로 옮기지 못하는 일을 말로만 들먹이면 말글하나가 아니에요. 내 말투가 제아무리 예쁘장하거나 빈틈이 없거나 맞춤법이랑 띄어쓰기를 잘 맞춘달지라도, 내가 하는 말대로 내가 살아내지 못하면 거짓이랍니다. 입으로는 착한 말을 하면서 정작 착하게 살지 못한다면 거짓이에요. 그런데, 설마, 입으로 나쁜 말을 하며 부러 나쁜 짓을 하지는 않겠지요? 나쁜 말과 나쁜 짓으로 말글하나가 되려는 말사랑벗님이 있으려나요.

나쁜 말과 나쁜 짓으로 말글하나를 일삼는다면, 이러한 사람을 가리켜 ‘멍청이’라 하고, 이러한 삶을 가리켜 ‘바보짓’이라 합니다.

ㄹ. 우리 겨레 말글

　　아저씨는 네 살짜리 아이와 백날이 막 지난 아이를 돌보는 어버이입니다. (2011년 5월에 둘째를 낳았어요) 둘레 분들은 저처럼 '어버이'라는 낱말을 쓰지 않습니다. 다들 '부모父母'라는 낱말만 쓰셔요. 저도 때에 따라서는 '부모'라는 낱말을 쓰지만, "어머니와 아버지를 아울러 가리키는 우리말"인 '어버이'라는 낱말을 한결 좋아합니다. 저는 제가 좋아하는 낱말을 즐겨써요.

　　그리고 보니, 저는 '즐겨쓰다'라는 낱말을 붙여서 씁니다. 말사랑벗들은 알까 모르겠는데, 동무들이 인터넷을 켤 때면 차림판 한쪽에 '즐겨찾기'라는 자리가 있어요. 인터넷이 처음 나오던 때에는 영어로 'favorite'이라고 적혔는데, 나중에 이처럼 한글이자 우리말 이름 '즐겨찾기'가 붙었어요. 누가 이 이름을 지었는지 모르지만 참 잘 지었다고 느낍니다. 이

이름은 처음에는 낱말책에 안 실렸지만, 이제는 떳떳하고 당차게 낱말책 올림말이 되었어요.

　인터넷을 켤 때면 늘 이 낱말 ‘즐겨찾기’를 생각합니다. “즐겨서 찾아 가는 곳을 한데에 묶었”을 때에 ‘즐겨찾기’라 하듯이, ‘즐겨–’라는 앞마디를 발판 삼아서 ‘즐겨먹다’나 ‘즐겨쓰다’나 ‘즐겨읽다’나 ‘즐겨듣다’ 같은 새 우리말을 지을 수 있어요. ‘애용愛用하다’라 하기보다는 ‘즐겨쓰다’라 하면 좋고, ‘애독愛讀하다’라 할 때보다는 ‘즐겨읽다’라 하면 나으며, ‘애청愛聽하다’라 하지 말고 ‘즐겨듣다’라 하면 훨씬 즐겁습니다.

　아저씨가 이 글을 쓰는 내내 네 살짜리 아이는 아빠 무릎에 앉거나 등에 업히거나 옆에 나란히 앉아 책을 펼쳐 놓고 아빠가 함께 읽어 주기를 바랍니다. 아빠 된 몸으로서 글만 쓸 수 없으니, 글 쓰던 손을 멈추어 아이와 함께 그림책을 넘깁니다. 가위 바위 보 하는 그림이 나오면 “감자에 싹이 나서 잎이 나서 가위 바위 보” 노래를 불러 주고, 공 차는 모습이 나오면, “공을 차네.” “공을 잡네.” 같은 말을 들려줍니다. 그림책에 나오는 언니가 댕기를 예쁘장하게 맸으면 “댕기를 맸네.” 말하고, 아이는 곧바로 “댕기 맸네.” 하며 따라합니다.

　말사랑벗들은 ‘댕기’라는 낱말을 들어 본 적이 있나 모르겠군요. 으레 ‘리본ribbon’이라는 소리만 듣지 않았나 싶어요. 얼마 앞서는, 옆지기하고 이야기를 하면서 아이한테 ‘세모뿔’이라고 가르쳐야 하느냐 ‘삼각뿔’이라 가르쳐야 하느냐를 놓고 머리를 갸웃갸웃했습니다. 우리말로 ‘세모’랑 ‘네모’를 가르치고 싶으나, 아이가 학교에 든다든지 여러 가지 책(수학책)을 익힌다든지 할 때에는 어김없이 ‘세모’나 ‘네모’라는 낱말은 없고

‘삼각三角’과 ‘사각四角’이라는 낱말만 있기 때문입니다. 학교와 교과서와 사회를 헤아린다면 우리 아이 또한 ‘삼각’이랑 ‘사각’이라는 낱말로 배워야 할 테지요. 게다가 ‘삼각팬티’라고만 하지 ‘세모속옷’이라 말하는 사람은 없어요. ‘삼각관계’라 일컫지 ‘세모사이’라 일컫는 사람 또한 없고요.

길에서도 비슷합니다. 우리 식구는 ‘세거리’와 ‘네거리’와 ‘건널목’과 ‘거넘길’ 같은 낱말을 쓰지만, 다른 분들은 ‘삼三거리’와 ‘사四거리’와 ‘횡단보도橫斷步道’와 ‘인도人道’라는 낱말을 쓰셔요.

『건방진 우리말 달인(기초편)』이라는 책을 읽다 보면 “경기 지방 사투리거든(19쪽).”이라는 대목이 나와요. 꽤나 많은 분들은 이처럼 엉터리 말을 아무렇지 않게 쓰는데, 말하는 사람이나 책을 내놓는 사람이나 읽는 사람이나 조금도 깨닫지 못해요. 이 말마디가 얼마나 엉터리인지를 몰라요. 그래서, 어떤 이는 “고통과도 같은 괴로움”이라 말하고, 어떤 분은 “나와 다른 타인”이라 말하기도 하며, “축제가 열리고 개최된다”라 말하는 사람마저 있습니다. “살다가 거주했습니다”라 말하는 사람이라든지 “쉽게 평이하게 쓴다”고 말한다든지 “길을 걸으며 하이킹을 한다”고 말하거나 “배려의 마음”을 이야기하기도 해요. 말사랑벗들은 이 말이 엉터리인지 아닌지 알겠어요?

차근차근 짚어 볼게요. 먼저, ‘사투리’는 “어느 한 지방에서 쓰는 말”을 가리킵니다. ‘지방말’이니 ‘지역말’이 ‘사투리’예요. 어떤가요. 이렇게 풀이해 보면 알 만한가요. “경기 지방 사투리”라 적은 글은 “경기 지방 지방말”이라 적은 꼴이에요. “경기 사투리”라 적거나 “경기 지방말”이라 적거나 "경기도 고장말"이라 적어야 올발라요. '고통苦痛'은 '괴로움'을 가리키는 한자말이에요. 그러니까 "고통과도 같은 괴로움"이란 얼마나 멋없는 말인가요. '타인他人'이라는 한자말은 '남', 곧 '다른 사람'을 일컬어요. "나와 다른 타인"이란 말이 안 되는 말이랍니다. 자, 이제 다른 엉터리 말이 왜 엉터리 말인지는 말사랑벗들이 하나하나 살펴보겠어요?

손수 낱말책을 뒤적이면서 말뜻을 찬찬히 헤아리다 보면, 어른이든 어린이이든 푸름이이든, 우리가 주고받거나 펼치는 말글 가운데 옳지 못하거나 어이없거나 알맞지 못한 대목이 지나치게 많은 줄 깨달으리라 생각해요.

우리들은 '한겨레'라고는 하지만 정작 한겨레답게 한겨레 말을 하지 못하는 판이에요. 겨레말을 제대로 생각하지 못하고, 겨레글을 옳게 쓰지 못해요. 겨레말이 튼튼하게 자리잡지 못하니까 겨레얼을 한껏 북돋우지 못합니다. 겨레글을 알차게 가꾸지 못하니까 겨레넋을 싱그럽거나 슬기롭게 다스리지 못해요.

동무들은 일본에서 살아가는 한겨레를 어느 만큼 아는가요. 일본에서 살아가는 한겨레인 유미리 님이 쓴 책을 읽어 보았나요. 나중에 한번 찾아서 읽어 보셔요. 사기사와 메구무라는 분도 있는데, 이분은 그만 스스로 목숨을 끊었어요. 이름에서 엿볼 수 있듯 '일본 국적'인 분인데, 소설을 쓰던 어느 날, 자료를 찾느라 당신 할머니랑 할아버지 발자취를 알아보다가 당신 할머니가 북녘사람인 줄을 알아채고는 깜짝 놀랐답니다. 당신한테 1/4만큼 한겨레 피가 흐르는 줄을 느즈막하게 알았는데, 당신 어버이는 이런 일을 몰랐거나 얘기를 안 했대요. 그러니 이름부터 아예 일본 이름인 '사기사와 메구무'였겠지요.

　이분이 쓴 소설 가운데 『당신은 이 나라를 사랑하는가』라는 작품이 있어요. 저는 이 작품을 읽으며 눈물이 핑 돌고 가슴이 아팠어요. 유미리 님이 쓴 『훔치다 도망치다 타다』를 읽으면서도 가슴이 촉촉했습니다. 이분들, 이른바 '재일조선인'이라는 한겨레 문학을 읽다 보면, 남녘에서 살아가는 사람 가운데 '일본에 한국사람이 사는 줄 까맣게 모르는 사람'이 아주 많다는 대목이 얼핏설핏 나옵니다. 참 그럴까 하고 놀라다가는, 요즈음 사람들 말매무새와 마음밭을 들여다보면 참 그렇구나 하고 고개를 끄덕입니다.

　우리는 남녘땅 사람들만 한겨레인 줄 알기 일쑤이고, 북녘땅이나 일본땅이나 중국땅이나 러시아땅에 똑같이 한겨레가 살아가는 줄 생각하지 못하거나 살피지 않기 일쑤예요. 더구나, 이 나라 바깥 한겨레만 제대로 모르는 우리들이 아니라, 이 나라 안쪽인 남녘땅에서 함께 살아가는 한겨레를 제대로 모르기 일쑤예요.

　이제 '이웃사촌'이라는 낱말은 옛말입니다. '이웃'이라는 말조차 쓰기 멋쩍습니다. '동무'라든지 '벗'이라는 낱말을 쓰면서 사귈 만한 살가운 사람은 얼마나 되려나요. '어깨동무'나 '씨동무'라 할 만한 사랑스러운 사람은 얼마나 되나요. 남을 살피기 앞서 나 스스로 내 둘레 사람들한테 '이슬떨이'나 '길동무'나 '너나들이' 노릇을 하는지 생각해야 합니다.

　말사랑벗님들을 비롯해, 저나 제 둘레 모든 사람들, 곧 우리 한겨레가 어깨동무하면서 즐거이 쓸 우리말이란, 남녘을 비롯해 북녘과 일본과 중국과 러시아에서 골고루 서로서로 아끼고 사랑하는 넋으로 나눌 말입니다. 남녘땅 테두리에서 살핀다면, 대학교를 나온 사람들이라든지 기자나 법관이나 정치꾼이나 공무원이나 교사 같은 사람들만이 아니라, 저잣거리 장사꾼이랑 시골 농사꾼이랑 바닷가 고기잡이랑 공장 일꾼 누구나하고 사이좋게 나눌 말이 한겨레 우리말입니다.

초등학교만 나온 사람이나 초등학교조차 못 나온 사람하고도 즐거이 나눌 수 있을 때에 아름다운 우리말입니다. 할머니 할아버지하고도 슬기롭게 나눌 만한 말이어야 좋은 우리말입니다. 어린 동생하고도 재미나게 나눌 만한 말일 때에 고운 우리말입니다. 우리들은 우리 겨레가 사이좋게 어깨동무할 '한겨레 말삶'을 헤아리면서 차근차근 일구어야 훌륭하면서 사랑스럽습니다.

ㅁ. 새말

『국어 실력이 밥 먹여 준다(문장편)』라는 책을 읽다가 “향기 나는 문장이니 하는 이야기까지 듣는다면 금상첨화일 것이다(14쪽).”라는 글월을 보았습니다. 이 같은 글월이 잘못되었다거나 얄궂다거나 할 수 있는 한편, 이러한 글월은 오늘날 어디에서나 어렵잖이 볼 수 있습니다.

이와 같이 글을 쓰고 싶으면 이와 같이 쓸 일이지만, 저보고 이 글을 다시 쓰라 한다면, “향긋한 글이니 하는 이야기까지 듣는다면 더없어 좋다.”처럼 쓰겠어요. 이 글월을 쓰신 분은 토박이말 ‘향긋하다’보다 한자말 ‘향기 香氣’를 좋아하지만, 저는 ‘향기’라는 한자말보다 토박이말 ‘향긋하다’를 좋아해요.

그리고 ‘-일 것이다’ 같은 말투는 달가이 여기지 않아요. ‘것’이라는 말투는 아무 데나 쓰면 안 될 뿐더러, 이곳저곳에 함부로 쓸 말이 아니기 때문입니다.

덧붙여, ‘금상첨화 錦上添花’ 같은 한자말을 꼭 써야 하는지 궁금해요. 바르고 알맞으면서 쉽게 글을 쓸 수 있잖아요. “비단에 꽃을 더한다”는 뜻이라는 ‘금상첨화’인데, 쉽게 말하자면 “더 좋다”는 이야기예요. “참 좋다”나 “한결 좋다”는 이야기이기도 해요.

말사랑벗들은 이렇게 생각해 본 적 있나요. ‘금상첨화’라는 한자말은, 한자를 쓰며 살아가는 중국사람이 ‘새롭게 지은 낱말’이에요. 우리는 한글을 쓰며 살아가는 한국사람이지요? 그러면, 우리는 이 땅에서 서로서로 살가이 나눌 만한 우리말을 새롭게 지을 만하지 않을까요?

낱말책에 싣기는 어렵겠지만, '더좋다' 같은 낱말을 지을 수 있어요. 새 낱말이 아니더라도 '더 좋다' 같은 말마디를 써 볼 수 있어요. 학문하는 낱말로 관용구라고 하는데, '더 좋다'나 '한결 좋다'를 관용구로 삼아도 넉넉합니다. 또는 '비단에꽃'이라든지 '비단꽃' 같은 낱말을 빚을 만해요.

이렇게 보면, 이 글월은 "향긋한 글이니 하는 이야기까지 듣는다면 비단꽃이 아닐까."처럼 새로 적어 볼 수 있습니다. "향긋한 글이니 하는 이야기까지 듣는다면 비단에 꽃을 얹는 셈이다."처럼 새롭게 적을 수 있어요.

학교를 다니는 말사랑벗이라면 "학교에서 입는 옷"인 '교복校服'을 입기도 하겠지요. 이 낱말을 그대로 써도 나쁘지 않으나 "학교에서 입는 옷"이라는 뜻 그대로 '학교옷'이라는 새 낱말을 빚어 써도 괜찮아요. 학교에서 부르는 노래는 '교가校歌' 아닌 '학교노래'가 되고, 나라에서 부르는 노래는 '국가國歌' 아닌 '나라노래'가 돼요.

저는 집에서 아이를 키우면서 살아간다고 했잖아요? 그래서 저는 제가 하는 일을 가리켜 '아이키우기'라고 이야기해요. 이 낱말도 낱말책에 없을 뿐더러 '육아育兒'라는 낱말만 실리는데, 낱말책에 실리든 안 실리든 즐거이 쓸 만하다고 느낄 뿐더러, '아이키우기'라는 말을 쓰는 분이 나날이 부쩍 늘어나요.

지난날에는 '독서讀書'라고만 얘기했으나 오늘날에는 '책읽기'라고도 함께 얘기해요. 어쩌면, 이제는 '독서'보다 '책읽기'라는 낱말을 훨씬 자주 많이 이야기할 텐데, 아직까지 이 낱말은 낱말책에 안 실려요. 낱말책

에 안 실린 낱말은 우리나라 맞춤법으로는 띄어서 적도록 하지만, 사람들이 새로 빚는 낱말로 여기며 즐겁게 쓰면 좋아요. '책읽기'와 맞물려 '삶읽기'나 '마음읽기'나 '글읽기'나 '시읽기'나 '영화읽기'나 '정치읽기'나 '사회읽기' 같은 새말을 마음껏 빚어도 되고요. '사랑읽기'라든지 '믿음읽기'처럼 새말을 빚어도 됩니다.

새말이란 하늘에서 뚝 하고 떨어지는 말이 아니라, 우리들이 하루하루 살아가며 저절로 일구는 낱말이에요. 내 삶을 북돋우며 알맞게 빚는 낱말이 새말이고, 내 넋을 곱게 여미면서 슬기롭게 짓는 낱말이 새말이에요. 이리하여, '꿈날개'나 '꿈나래'도 새말이고, 아저씨가 말사랑벗을 일컫는 '푸름이'도 새말이랍니다. 밤에 올려다보는 하늘을 놓고 '밤하늘'이라 일컬으면, 이때에도 새말이에요. 동무들이랑 걷는 길이 좁아 '좁은길'이라 해 보아도 새말이고, 우람하게 자란 나무를 바라보며 '큰나무'라 가리킬 때에도 새말이에요. ‘글쓰기’도 새로 태어난 말이고, ‘그림그리기’나 ‘노래부르기’나 ‘사진찍기’ 또한 새말이랍니다. 그렇다고 아무렇게나 지을 수 없는 말이니까요, 새롭게 빚은 낱말을 듣는 이웃과 벗을 헤아리면서 아기자기하면서 사랑스러운 마음을 담아 하나둘 곱씹어 보셔요.

‘새말’이 있으니 ‘새글’이 있고, 사람은 새롭게 태어난대서 ‘새사람’이며, 새로 사귀는 벗은 ‘새벗’이요, 새로 한 밥은 ‘새밥’이에요. 새로 내놓아서 ‘새책’이고, 새롭기에 ‘새뜻’이며 새롭게 맞아들여 ‘새사랑’입니다.

우리글 이름을 왜 한글이라고 하나요?

우리나라를 이룬 겨레는 '한겨레'입니다. '한'은 토박이말로
우리 겨레한테 붙는 이름입니다. 한자로 우리나라 이름을 '韓國'으로
쓰지만, 토박이말로는 '한나라'로 씁니다. 지난날 한힌샘 주시경 님이 '훈민
정음'이던 우리 글이름에 '한글'이라는 새로운 이름을 붙였습니다. 한겨레
말이기에 '한말'이라는 뜻이고, '한'에서 가지를 치는 낱말로 '한길－하늘－
하나－하느님'이 있어서, '한글'일 때에는 '큰글'이나 '높은 글'이나 '하나
있는 하나된 글'을 뜻하기도 합니다.

무엇 때문에 한글이 생겨났나요?

한글은 한겨레가 쓰려고 만든 글입니다. 다만, 맨 처음 한글은
'누구나 기쁘게 쓸 글'이 되도록 만들지 않았어요. 슬픈 일이에요.
그러나, 지난날은 임금님과 양반과 '여느 사람'과 '백정'이 계급으로 나뉘었
으니 어쩔 수 없어요. 오늘을 살아가는 우리들이 서로를 아끼면서 한글을 사
랑하고 알차게 북돋으면 돼요. 지난날 1400년대나 1500년대 같은 조선 때에
는 권력과 계급과 신분이 또렷하게 갈렸어요. 이무렵에는 양반 아니고서는
글(한문)을 배울 수 없었습니다. 여느 사람인 평민은 흙을 일구기만 해야 했
습니다. 흙을 일구는 여느 사람은 논밭일이 많으니 따로 글을 배울 겨를이
없어요. 곧, '평화와 평등과 통일을 꿈꾸는 글'인 한글은 아니었습니다. 그렇

지만 조선 때를 지나 일제강점기를 맞이하고 나서 비로소 우리 스스로 우리 한글이 얼마나 아름다우며 고마운가를 처음으로 깨닫습니다. 일제강점기에도 한글을 배울 수 있던 사람은 돈과 계급과 신분이 있던 사람뿐이었습니다. 그런데 우리 겨레가 독립을 하자면 지식인만 한글을 알아서는 안 되었어요. 이 나라 모든 사람이 한글을 깨우치며 슬기롭게 살아야 비로소 독립을 이룰 수 있다고 느꼈습니다. 이리하여 일제강점기에 처음으로 '온 나라 모든 사람이 한글을 배우도록 하는 운동'이 들불처럼 번졌고, 우리나라는 온누리에 드문 '글장님 없는 나라'가 되었습니다.

한글을 왜 어렵게 만들었나요?

한글은 어렵게 만든 글이 아닙니다. 한글은 아주 쉽게 만든 글입니다. 한글은 '중국말을 우리 겨레가 글로 쉽게 담으려'는 마음으로 만들었는데, 옛 임금이나 관료나 지식인이 애써 한글을 만든 까닭은 '어차피 임금이나 관료나 지식인은 한문으로 말하고 한문으로 생각하면 그만'이었으나, 임금이나 관료나 지식인이 펼치던 정책을 이 나라 95%가 넘는 여느 사람들한테 알려주자면 '여느 사람이 쓰는 쉬운 말'로 풀어서 알려주어야 합니다. 그렇기 때문에, '아주 쉽게 배워서 아주 쉽게 쓸 수 있는 글'로 한글을 만들었습니다. 한글이 어렵다고 느낀다면, 맨 처음 한글을 만든 뜻은 쉽게 배워 쉽게 쓰도록 하는 데에 두었으나, 오늘날 맞춤법이나 띄어쓰기나 말법이 너무 딱딱하거나 어렵게 틀에 박히는 바람에, 말사랑벗이 쉽고 즐겁게 배우기 힘든 탓입니다.

한글이 과학이라 말하는 까닭은 무엇인가요?

한글은 '중국사람이 중국말로 읊는 소리'를 빈틈없고 빠짐
없이 담아낼 수 있게끔 만들었습니다. 말사랑벗이 중국말을 배
워 보았는지 궁금한데, 중국말 소리는 아주 많습니다. 중국사람 말소리는 그
야말로 온갖 소리가 다 있다 하도록 넓습니다. 이와 같은 중국말을 아주 꼼
꼼하면서 대단히 쉽게 담아내어 누구나 수월하게 배울 수 있도록 만든 글이
한글입니다.

그 어느 글도 한글처럼 온갖 소리를 쉽게 알뜰히 담을 수 있게끔 만들지 않
았고 만들지 못했어요. 한글은 소리값뿐 아니라 우리가 느끼는 빛깔과 무늬
와 냄새와 모습까지 거의 그대로 담을 수 있습니다. 이런 데에서 한글은 참
으로 돋보이는 글입니다. 이러하기 때문에 우리 한글은 아주 과학이요 잘 짜
였고 훌륭하다 이야기할 만합니다.

처음 만든 뜻은 '그리 과학답지 못한 뜻'이었다 할 수 있습니다만, 오늘날을
살아가는 우리 겨레는 '우리 겨레 삶을 북돋우는 글'로 한글을 알뜰히 살리
거나 살찌운다면, 우리 스스로와 다른 겨레한테도 좋은 글 선물을 베풀 수
있습니다.

글쓰기

나. 글쓰기 삶쓰기

글을 쓰는데 맞춤법을 잘 몰라서 받침이나 홀소리를 잘못 적었다고 부끄러워하지 않아도 돼요. '찌개'로 써야 맞는지 '찌게'로 써야 맞는지, 또는 '빨래집게'하고 '빨래집개'하고 어느 쪽이 바른지를 몰라도 글쓰기를 하면서 걱정스러울 일이란 없어요. 맞춤법은 틀릴 수 있고, 띄어쓰기를 모를 수 있어요. 맞춤법이나 띄어쓰기는 나중에 혼자서 새로 배우면 되고, 틀렸으면 바로잡으면 돼요.

그런데 말사랑벗들이 쓰는 글에 알맹이가 없다면 나중에 어찌저찌 손을 쓰지 못합니다. 무언가 할 이야기가 없는 글이라면 값이나 보람이나 뜻이 없어요.

ㄱ. 말을 가꾸고 글을 일구기

말사랑벗님은 글쓰기 숙제를 얼마나 하는가요. 책을 읽고 나서 느낌글을 쓰라는 숙제나, 일기를 쓰라는 숙제나, 어디 현장학습 다녀와서 보고서 쓰라는 숙제 들을 하는지요?

저는 초·중·고등학교 열두 해를 다니는 동안 글쓰기 아닌 글짓기 숙제를 몹시 많이 하며 살았어요. 국민학교라는 이름이 붙은 초등학교 여섯 해를 다닐 때에는 무엇보다 일기쓰기가 가장 벅찼습니다. 그때 일기는 한 주에 세 번 넘게 써야 매를 안 맞았어요. 한 주에 사흘치를 썼더라도 일기를 쓴 길이가 일기장 한쪽 2/3를 넘지 않으면 안 쓴 셈치고 똑같이 매를 맞았고요. 한 주에 너댓새는 일기를 쓰라는 소리를 들었고, 한 주에 예닐곱 날치 일기를 쓴 아이들은 선생님이 따숩게 머리를 쓰다듬으며 저 같은 동무들한테서 부러움을 샀어요.

다달이 느낌글 쓰기가 아닌 독후감 숙제를 해야 했고, 두어 달에 한 차례씩 반공 글짓기를 하면서 웅변처럼 발표를 해야 했습니다. 한 달 걸러 과학 글짓기를 하고, 군인 아저씨께 올리는 위문편지를 쓰는 한편, 부모님께 띄우는 효도편지를 써야 했어요. 게다가 한 해에 몇 차례씩 동시쓰기까지 했어요. 방학을 맞이하면 방학숙제로 여행글 쓰기까지 해야 했습니다. 제 둘레에는 가난한 동무가 많아 여름이고 겨울이고 방학이라 해 보았자 어디 나들이 다니지 못하는 아이가 많았기에, 다른 글보다 여행글 쓰기를 아주 힘들어했습니다.

한편, 날마다 받아쓰기를 하고, 교과서 베껴쓰기 숙제를 했어요. 히유, 이제 와 돌아보면 그때 학교를 어떻게 꾹 참고 다녔나 모를 일이에요. 숙제만 해도 한가득인데요. 중학교에 들어서자 '깜지'라는 이름으로 손목이 달아날 만큼 힘겨운 베껴쓰기 숙제를 날마다 수없이 해야 했습니다. 초등학생 때에 교사들이 베푸는 매질은 가벼운 어루만짐이라 느낄 만큼, 중학생 때부터는 큼직한 나무몽둥이에 골프채에 밀걸레 자루에 곡괭이 자루에 야구방망이에 …… 선생님들은 매타작을 하러 학교에 나오는가 싶도록 '베껴쓰기 숙제 안 한 아이를 두들겨 패며' 하루를 보냈어요.

열두 해에 걸쳐 학교를 다니는 동안 이처럼 매질하고 글짓기가 어우러지다 보니, 제 동무들 가운데 '글 좀 쓰라'는 이야기를 달가이 맞아들이는 녀석은 거의 없어요. 다들 몸서리를 쳐요. 글을 어떻게 쓰느냐는 둥, 글을 왜 쓰느냐는 둥 이야기합니다. 말사랑벗님들이 다니는 학교에서는 어떠한가 궁금하네요.

가만히 돌아보면, 글을 써서 내 마음을 나타내는 일은 몹시 뜻이 있습니다. 쓸모가 있고 보람이 있어요. 그렇지만 글을 써서 내 마음을 이웃하고 나누도록 즐거이 이끄는 몫을 우리네 학교에서는 제대로 맡지 못했어요. 제가 학교를 다니던 때에는 한 반에 아이들 숫자가 지나치게 많기도 했고, 교사마다 주어진 행정업무 짐이 참 컸습니다. 그러나, 이와 맞물려 더 벅차며 무거운 짐이나 굴레는 대학입시가 아니었을까 싶어요. 학교며 사회며 정치며 문화며 온통 '더 이름나고 훌륭하다는 대학교로 보내는 일'에 얽매였으니까요.

저는 고등학생 때 릴케 시집이나 황순원 소설책을 선생님한테 빼앗기곤 했습니다. 학교에서는 교과서와 참고서 아닌 책을 가방에 넣고 다니면 모조리 '불온도서'로 여겼어요. 우리나라 국방부에서 불온도서를 스물 몇 가지인가 꼽으며 이런 책을 군인한테 읽히지 못하도록 한 적 있는데, 이 불온도서 가운데에는 동화쓰는 권정생 할아버지가 쓴 『우리들의 하느님』 같은 책도 끼었어요. 그저 우리한테 '첫손 꼽는 대학교에 들어갈 생각만 하라'고 짓누르는 흐름이 아직까지 이어지는 모습이라 할까요. 초등학교부터 아이들을 짓누르고 길들이면서 홀가분하거나 너그러운 마음꽃이 피지 못하도록 가로막았다고 할까요. 아니, 초등학교에 앞서 어린이집이나 유치원부터 영어를 가르치고 갖가지 지식그림책과 과학동화를 읽히니까, 모두 똑같은 틀에 똑같은 생각에 똑같은 눈길로 살아가도록 옥죈다고 할까요.

좋은 책 하나를 좋은 넋으로 읽으면 좋은 삶을 일구는 밑거름을 넉넉히

다스리는 데에 도움이 될 수 있습니다. 애 아빠인 저부터 학교를 다니는 말사랑벗까지, 누구나 좋은 책 하나로 좋은 넋을 보듬고 좋은 삶을 일구면서 하루하루 아름다이 여미면 즐겁습니다. 이처럼 좋은 삶이라 느끼며 하루하루 아름다이 여밀 때에, 이 같은 결과 무늬와 빛깔이 내 넋으로 곱게 아로새겨지고, 내 넋이 곱게 아로새겨질 때에 내 말 또한 곱게 아로새길 수 있습니다.

글쓰기를 한다고 할 때에는, 머리로 이 생각 저 생각 쥐어짜서 글을 써서는, 내가 읽어 보아도 따분하며 싱거운 글만 쏟아지지만, 나 스스로 내 삶을 좋아하거나 사랑하면서 꾸밈없이 한 줄 두 줄 적바림하노라면, 내가 내 글을 읽으면서 빙긋 웃거나 뚝뚝 눈물을 흘려요. 가슴으로 책을 읽듯이, 가슴으로 글을 씁니다. 가슴으로 책 줄거리를 받아들이듯이, 가슴으로 내 삶을 일구면서 이 이야기를 글로 담아요. 말을 가꾸는 일이란 삶을 가꾸는 일이고, 삶을 가꿀 때에 바야흐로 빛나는 말 하나 알뜰살뜰 얻어요. 글을 일구는 일이란 삶을 일구는 일이고, 삶을 일굴 때에 비로소 알찬 글 하나 기쁘게 얻습니다.

ㄴ. 글짓기랑 글쓰기

『몽실 언니』라는 동화책 읽은 동무 있나요? 진작에 읽었다고요? 읽으라
는 소리는 자주 듣는데 아직 못 읽었다고요?

저는 『몽실 언니』라는 동화책을 1998년 1월에 처음 읽었어요. 1984년
에 나온 『몽실 언니』인데, 아저씨는 자그마치 스물네 살 나이에 이 동화책
을 비로소 알아보았답니다. 아저씨는 강원도 양구 산골짜기에서 군대살이
스물여섯 달을 보냈어요. 1995년 11월에 눈바람 맞으며 군대에 가서,
1997년 12월에 똑같이 눈바람 맞으며 군대를 떠났어요. 그런데 아저씨가
군대를 떠나 사회로 돌아온 1998년 1월은 새로운 대통령이 뽑힌 때이기
도 하지만, 한창 국제통화기금이다 뭐다 하면서 편의점 알바이니 술집 알
바이니 하는 일자리마저 없던 때예요. 군대에서 늘 하던 삽질 솜씨를 살려
막일꾼으로 일감을 찾아보고자 했지만, 이마저도 없었어요. 스물여섯 달
동안 산골짜기 깊은 데에서 외롭게 지내다가 사회로 돌아온 만큼 몸과 마
음을 쉬고팠는데, 나라가 어수선하다 보니 여러모로 눈칫밥을 먹어야 했
어요. 군대에서 막 나온 몸으로 주머니에 돈이 있나, 집에서 돈 몇 푼 얻을
수 있나, 하는 수 없이 헌책방을 찾아가 여러 시간 조용히 책을 읽는데, 이
때에 『몽실 언니』라는 동화책이 제 눈에 번쩍 뜨였습니다.

우리 말사랑벗님들이라든지 말사랑벗님들 언니나 누나나 동생들은 『몽
실 언니』를 초등학생 무렵에 처음 만나겠지요. 조금 늦으면 중학생이나 고
등학생 나이에 만날 테고요. 그런데 저는 스물네 살이 되어서야 만났어요.

이 무렵 『몽실 언니』를 처음 만나며 다른 어린이책을 하나하나 찾아 읽었어요. 그리고 더없이 슬퍼 눈물을 흘렸습니다. ‘왜 나는 내가 열두어 살 나이에 이 책을 만날 수 없었을까? 왜 나한테는 내 나이에 걸맞을 어린이책 하나 쥐어 주는 어른이 없었나?’ 생각했어요.

앞서 말씀드렸듯이 저는 어린 날부터 학교에서 끝없는 베껴쓰기 숙제와 글짓기 숙제에 시달렸습니다. 그런데 『몽실 언니』를 읽고 나서는 속에서 자꾸자꾸 무언가 터져나오더군요. 책을 다 읽고 맨 끝자리 빈 종이에 ‘책을 읽으며 북받친 느낌’을 깨알같은 글씨로 촘촘히 적바림했어요.

누가 읽으라 건넨 책이 아니고, 누가 쓰라 한 글이 아니었습니다. 그예 눈길이 꽂혀 읽은 책이요, 그저 마음으로 우러나며 쓴 글이었어요. 바야흐로 ‘글쓰기’를 몸으로 깨달은 셈입니다.

이제 거의 모든 학교에서는 ‘글짓기’라는 이름을 안 쓰고 ‘글쓰기’라는 이름을 써요. ‘글쓰기’라는 낱말은 ‘글짓기’라는 낱말과 함께 낱말책에 곱게 실려요. ‘글쓰기’라는 낱말이 낱말책에 실린 지는 얼마 안 되었지만, 동네 조그마한 학원조차 “글쓰기 학원”이라 하지 “글짓기 학원”이라 하지 않아요. 글을 짓는 일이 얄궂거나 나쁜 일은 아니지만, 이제는 어느 누구도 섣불리 ‘글짓기’라는 낱말은 안 쓰려 해요.

왜냐하면, 아저씨가 초·중·고등학교를 거치며 지겹도록 해야 했던 억지스러운 ‘글짓기’ 숙제하고 맞물리기 때문이랍니다. 글을 짓는 일은 “억지스레 머리로 쥐어짜듯 뱉어내는 글”이 되기에, 이 글을 쓰는 어린이나 푸름이나 어른이나, 제 꿈과 마음과 넋을 오롯이 담지 못한다고 여기기 때문이에요.

　‘글쓰기’는, 글을 쓰려는 사람 누구나 스스로 살아가는 넋과 꿈과 마음을 차근차근 적바림하는 일이라고 해요. 이 낱말은 지난 2003년에 숨을 거둔 이오덕 선생님이 1960년대에 처음으로 쓰면서 퍼졌어요. 이오덕 선생님도 1950년대에는 ‘글짓기’라는 낱말을 똑같이 쓰셨지만, 학교에서 벌어지는 억지스럽고 모질며 틀에 박힌 수업으로 짓누르는 ‘글짓기’는 아이들 마음밭을 살찌우지 못한다고 여기셨어요. 아이들 마음밭을 살찌우면서, 아이들이 스스로 한결 씩씩하고 싱그러운 얼을 키우는 슬기를 빛내도록 돕고 싶어, 낱말부터 ‘글쓰기’라는 이름을 새로 일구어서 쓰셨습니다. 옳고 바른 마음가짐으로 착하고 참다우며 고운 이야기를 나누려는 글쓰기 나누기를 마흔 해 남짓 한 끝에 우리들은 오늘날 즐겁고 홀가분하게 ‘글쓰기’를 할 수 있답니다.

여기에서 우리들은 곰곰이 생각할 수 있어야 해요. 이름은 '글쓰기'로 고쳤지만, 예전과 똑같이 억지스러우면서 모질고 틀에 박힌 채 벌어지는 글쓰기 수업이나 교육이라 할 때에는 '옛날 글짓기' 하고 마찬가지예요. 이름은 허울이 아니거든요. 이름이 제아무리 좋다 하더라도 알맹이가 엇나가거나 비뚤어지면 도루묵이 되고 말아요. 이름부터 제대로 쓰도록 힘써야 합니다. 속살 또한 제대로 여물도록 마음을 쏟아야 합니다.

그래서, 이제는 '글쓰기'와 함께 '글짓기' 마음가짐을 새삼스레 헤아릴 줄 알아야 하지요. 글쓰기는 이오덕 선생님이 얘기하고 나누며 뿌리내리도록 했듯, 꾸밈없는 삶이 꾸밈없는 넋이 되어 꾸밈없는 말글로 태어나도록 하는 일입니다. 글짓기는 글을 짓는 일이라고 했지요? 글을 짓는 일이란 무엇일까요? '짓는' 일이란 또 어떤 일일까요?

글쓰기와 함께 글짓기도 바른 제자리를 찾아야 한다고 느껴요. 우리들은 '마음쓰기'를 하듯이 '글쓰기'를 하고, '농사짓기'를 하듯 '글짓기'를 할 때에 더없이 알차며 아름다울 수 있지 않겠느냐 생각해요.

한자말로는 '배려配慮'라고 하는데, 우리말로는 '마음쓰기'예요. 말사랑벗님, 낱말책에서 '배려'라는 한자말을 찾아보셨어요? 한번 찾아보셔요. 말풀이를 보면 "마음을 씀"이라고 적혔답니다. 남다른 뜻이나 느낌을 담은 낱말 '배려'가 아니에요. 누구나 쉽게 아는 말 '마음쓰기'가 바로 한자로 옮겨적을 때에 '배려'랍니다. 꾸밈없이 마음을 쏟아 이웃을 아끼거나 사랑한다 할 때에 '마음쓰기'예요. 이 매무새 그대로 글을 쓴다면 '글쓰기'예요.

농사를 짓는 마음가짐을 곰곰이 헤아려 보셔요. 우리 할머니와 할아버

지가 우리 어머니와 아버지를 사랑하고 아끼는 넋 그대로 몸소 땅을 일구
고 갈며 씨를 뿌려 건사하고 갈무리합니다. 이렇게 갈무리한 곡식을 찧고
일고 씻고 냄비에 안쳐서 구수한 밥을 짓습니다. 농사를 지어 밥을 짓고
글을 짓습니다. 농사짓기란 밥짓기로 이어지고, 밥짓기는 다시 글짓기로
이어가요. 저는 여기에서 그치지 않고 '글짓기' 다음으로 '사랑짓기'로
이어 보곤 합니다. 다른 자리라면 '노래짓기'나 '옷짓기', 또는 '책짓기'
나 '마을짓기'로 이을 수 있어요.

　말을 살리는 길이란 넋을 살리는 길이고, 넋을 살리는 길이란 우리 삶을
살리는 길입니다.

ㄷ. 삶짓기랑 삶쓰기

말사랑벗님들한테만 들려주는 이야기가 아니라 저한테 들려주는 이야기라고 생각하며 이 글을 씁니다. 이렇게 한 글자 두 글자 적바림하는 글은 글쓰기로 이루는 열매일 텐데, 저는 글쓰기란 삶쓰기라고 생각합니다. 내 삶을 쓰는 일이 곧 글쓰기라고 여겨요.

두 아이와 짝꿍 한 사람을 건사하는 아저씨가 하는 일은 글쓰기랑 사진찍기라고 했어요. 저는 글쓰기를 할 때에 내 삶을 쓰고, 사진찍기를 할 때에 내 삶을 찍습니다. 그래서, '글쓰기 = 삶쓰기'가 되고, '사진찍기 = 삶찍기'가 돼요. 말끝을 살며시 바꾸어 보면, '글읽기 = 삶읽기'가 되며, '사진읽기 = 삶읽기'가 됩니다. 사진은 담는다고 하니까, '사진담기 = 삶담기'가 되기도 해요. 글짓기를 헤아린다면 '글짓기 = 삶짓기'가 될 테지요.

삶은 억지로 지을 수 없어요. 그러나 삶은 아름다이 지을 수 있어요. 농사를 지을 때에 조금 더 많이 거두거나 일손을 덜 생각으로 풀약과 항생제를 칠 수 있습니다. 요즈막에는 농사짓기 아닌 농약짓기인 곳이 많아요. 이때에는 억지스러운 짓기가 되니 '옛날 글짓기'마냥 하나도 안 아름다운 모습이 되겠지요. 사람들이 뭍고기를 즐겨먹으면서 집짐승을 커다란 우리에 잔뜩 집어넣은 채 항생제랑 '짐승 주검에서 거둔 내장'을 섞은 사료를 주며 싼값으로 더 빨리 살을 찌우려 하다 보니 조류독감이니 구제역이니 하는 일이 생깁니다. 모두 억지스레 돈만 빨리 많이 자꾸 벌려 하면서 벌어지는 끔찍한 일입니다. 글 한 줄을 쓸 때에도 이 글 한 줄로 돈을 벌거나 이름을 드날리거나 동무들한테서 사랑받으려 생각한다면, 몹시 부질없습니다. 글이 글다울 수 없어요. 글이 글다우려면 내 글에는 내 삶을 담으면서 내 동무랑 이웃하고 사랑스럽고 살갑게 어깨동무하는 매무새가 되어야 해요. 글재주로 억지로 지을 수 없는 글이고, 글솜씨를 어설피 뽐낼 수 없는 글이에요.

말사랑벗이랑 저랑 서로서로 아름다운 벗이나 이웃이나 살붙이라고 여긴다면, 제가 농사꾼이고 말사랑벗이 제 아이라 할 때에, 저는 우리 살붙이가 먹을 곡식을 일구면서 풀약이나 항생제를 쓸 수 없어요. 내 아이가 먹을 곡식뿐 아니라 내 이웃과 동무가 먹을 곡식에도 풀약이나 항생제는 못 씁니다. 어떻게 쓰겠어요. 참다운 농사짓기가 되도록 마음을 쏟아야지요. 다 함께 어여쁠 삶짓기를 하고 싶은 마음결로 농사짓기를 하고, 이러한 마음결 고스란히 글짓기를 하고픕니다. 이 글짓기를 이어 사랑짓기나 마음짓기나 생각짓기로 가지를 뻗고파요.

공을 잘 차서 영국이나 스페인이나 독일에까지 날아가 돈도 잘 벌고 이름도 크게 얻는 선수들 이야기는 참 멋있구나 싶습니다. 말사랑벗 가운데에는 공차기를 좋아해서 이런 이야기를 학교에서나 집에서나 신나게 나누기도 할 텐데, 이런 이야기를 글로 담아도 재미있습니다. 그리고, 이 이야기 못지않게 아무개만큼 돈을 못 벌고 이름 하나 알려지지 않았으나, 바로 내 이야기를 조곤조곤 글로 담아 보아도 재미있어요. 동네에서 공차기 한 이야기를 쓰면 재미있고, 동네에서 공차기를 하며 헉헉거리다가 0:10으로 졌다는 얘기를 쓰면 즐겁습니다. 내가 아는 내 삶을 이야기 한 자락으로

갈무리해서 글로 써 봅니다. 내가 아는 형이나 오빠나 동생 이야기를 갈무리하며 글로 담아 봅니다. 우리 어머니하고 아버지 이야기를, 우리 할머니하고 할아버지 이야기를 갈무리하면서 글로 엮어 보아도 좋아요. 나를 비롯하여 내 둘레 살가운 사람들을 하나하나 곱씹으면서 모두들 어떤 삶을 어떤 매무새와 꿈과 손길로 일구는가를 곰곰이 들여다보며 글로 담아 보셔요. 좋은 책이란 내 책이고, 내 책이란 내 삶이에요. 내 삶이 내 책이 되고, 내 책이 좋은 책이 돼요.

자전거를 타고 온누리를 한 바퀴 돌거나 아르헨티나 끝자락부터 캐나다 끝자락까지 달린다면 매우 멋지다 할 만하겠지요. 체 게바라라는 사람은 오토바이를 타고 중남미를 달렸다고 했어요. 말사랑벗 가운데에는 일찍부터 오토바이 타기를 좋아할 동무가 있을는지 모르는데, 오토바이를 타고 이웃나라 일본을 홋카이도부터 류큐 섬까지 달려 볼 수 있습니다. 인천 앞바다부터 간성 앞바다까지 바닷가를 따라 죽 달려 볼 수 있어요. 자전거를 타고 강화섬부터 구비구비 돌아 제주섬까지 달릴 수 있습니다.

자전거 유럽마실도 즐거울 테지만, 자전거 국내마실도 즐거워요. 시골길을 천천히 달리는 자전거마실도 즐겁고, 골목길을 느긋이 다니는 자전거마실도 즐겁답니다. 저는 충청북도 충주시 끝자락 멧골마을에서 살아가면서 서울로 책 사러 다닐 때에 자전거에 수레를 달아 끌고 다니곤 했어요. 요즈음처럼 짝꿍이랑 아이가 있던 때는 아니고, 혼자서 살 때 일이에요. 150킬로미터 길을 한 주에 한 차례씩 한 해 동안 자전거를 타고 오가면서 책을 사서 읽었답니다. 이렇게 다니는 동안 길에서 쉬엄쉬엄 다리를 풀어 줄 때에 수첩에 느낌을 몇 글자씩 끄적였고, 이렇게 끄적인 이야기를 그러모아 『자전거와 함께 살기』라는 책을 내놓기도 했어요. 남다르거나 대단한 이야기는 하나도 아니랍니다. 그저, 주마다 늘 오가는 자전거길에서 날마다 다르게 느낀 이야기를 그때그때 적바림하면서 저절로 책 하나가 태어났어요.

말사랑벗이라면, 날마다 학교를 오가면서 날마다 마주하는 사람과 날씨와 길 들을 이야기 하나로 조금씩 꾸리면서, 이 이야기가 한 해치이든 두 해치이든 세 해치나 네 해치이든 모일 때에 시나브로 책 하나가 될 수 있어요. 마땅한 노릇인데, 이때에 억지로 꾸며서 쓰는 글이라면 책이 되지 않아요. 수수하거나 투박한 내 삶을 그대로 글 하나로 담을 때에 책이 된답니다.

내가 좋다고 느끼면 내 삶은 좋은 삶이에요. 내가 나쁘다고 여기면 내 삶은 나쁜 삶이에요. 내가 즐겁다고 느끼면 내 삶은 즐거운 삶이고, 내가 슬프다고 느끼면 내 삶은 슬픈 삶이에요. 가난하다고 나쁜 삶이 아니고, 엄마 아빠한테 돈이 많다고 좋은 삶이 아니에요. 걸어서 학교를 다닌다고 슬픈 삶일 수 없고, 자가용으로 느긋하게 학교를 오갈 수 있어 기쁜 삶이 되지 않아요.

시험을 치러 1등이건 10등이건 꼴등이건 나 스스로 내 학교살이를 좋아하면 넉넉합니다. 키가 크건 작건, 몸매가 이러하건 저러하건, 나는 내 마음과 꿈을 아름다이 보듬으면 사랑스럽습니다.

착한 마음을 살가이 담은 편지가 애틋합니다. 글씨만 또박또박 예쁘장하게 썼대서 살갑게 주고받을 편지가 되지 않아요. 똑똑하다지만 마음이 차갑다면 사이좋은 동무가 되기 어려워요. 좀 어리숙해도 마음이 따스하다면 어깨동무하는 동무가 돼요.

글이란 내 사랑을 착하고 따숩게 담는 즐거운 삶 한 자락입니다.

ㄹ. 말로 이룬 열매, 글로 빚은 꽃

우리가 쓰거나 읽는 글은 여러 갈래로 나눕니다. 이른바 문학이라는 이름을 맨 앞자리에 놓은 다음, 시하고 산문하고 소설하고 희곡을 나눕니다. 산문은 수필이라고도 하며, 소설은 어른소설하고 청소년소설이 있습니다. 소설하고는 다른 틀로 어린이한테 읽히는 동화가 있으며, 연극이나 영화나 연속극을 올릴 때에 쓰는 희곡이나 대본이 있어요.

갈래로는 이렇게도 나누고 저렇게도 나누는데, 글이란 다 똑같은 글입니다. 이 글을 이런 갈래에 넣든 저런 갈래에 넣든 딱히 다른 뜻이 없습니다. 남자가 더 나은 사람이 아니듯 여자가 더 나은 사람이 아니에요. 교사가 가장 거룩한 일거리가 아니듯 농사꾼이나 대통령이 더 훌륭한 일거리는 아니에요. 저마다 제 몫이 있으며 제 길과 자리가 있어요. 나 스스로 나한테 가장 알맞으면서 좋고 나와 내 이웃을 아름다이 보듬을 일거리를 찾을 때에 즐겁습니다. 흔히들 대통령을 가장 높은 자리로 두곤 하지만, 흔히 하는 말이 아닌 사람이 살아가는 틀에서 바라본다면 농사꾼이 가장 사랑스러운 자리라 할 수 있어요. 왜냐하면, 농사꾼은 높거나 거룩한 자리에 올라서려 하지 않으면서, 늘 나와 내 이웃을 먹여살리는 일꾼이거든요.

글을 갈래로 나눌 때에도 이와 매한가지예요. 누구한테는 시가 가장 사랑스러울 수 있고, 누구한테는 산문이 가장 즐거울 수 있으며, 누구한테는 소설이 가장 기쁠 수 있어요. 희곡을 좋아하든 동화를 좋아하든, 모두 문학을 좋아하는 사람이며, 글을 좋아하는 사람이에요.

이쯤에서 말사랑벗들이 하나 더 헤아려 주면 좋을 이야기를 해 보고 싶어요. 글쓰기를 시험으로 친다고 할 때에 100점을 맞아야 좋은 글이 아니에요. 0점을 맞는다고 엉터리 글이 아니에요. 우리가 쓴 글에는 점수를 붙일 수 없어요. 우리가 꾸리는 삶에는 점수를 매기지 못하거든요. 나 스스로 좋아하는 결을 찾고, 나부터 기뻐하는 삶을 보듬으면 넉넉합니다.

글을 쓰는데 맞춤법을 잘 몰라서 받침이나 홀소리를 잘못 적었다고 부끄러워하지 않아도 돼요. '찌개'로 써야 맞는지 '찌게'로 써야 맞는지, 또는 '빨래집게' 하고 '빨래집개' 하고 어느 쪽이 바른지를 몰라도 글쓰기를 하면서 걱정스러울 일이란 없어요. 맞춤법은 틀릴 수 있고, 띄어쓰기를 모를 수 있어요. 맞춤법이나 띄어쓰기는 나중에 혼자서 새로 배우면 되고, 틀렸으면 바로잡으면 돼요.

그런데 말사랑벗들이 쓰는 글에 알맹이가 없다면 나중에 어찌저찌 손을 쓰지 못합니다. 무언가 할 이야기가 없는 글이라면 값이나 보람이나 뜻이 없어요.

동무들도 서로 만나서 이야기를 나누는데 '할 말'이 없으면 서로 멀뚱멀뚱하거나 쭈뼛쭈뼛하겠지요. 속이야기나 참이야기가 될 알맹이가 있어야 합니다. 속마음이나 참마음을 나눌 고갱이가 있어야 해요. 내 동무랑 어버이랑 이웃이랑 오순도순 주고받을 깊은 사랑과 따순 믿음이 있어야 해요.

모든 글에는 바로 이 사랑과 믿음이 깃들어야 글이라 이름을 붙일 만합니다. 사랑과 믿음이 깃들지 못하고 껍데기로만 시 모양을 갖추거나 소설 틀을 이루거나 산문 모습이라 할 때에는, 허울은 좋게 시요 소설이요 산문이요 하겠으나, 우리가 기쁘게 맞아들일 문학이라 하는 시나 소설이나 산문은 못 되어요.

그러니까 서울대학교라든지 제주대학교라든지 대구대학교라든지 인천대학교 같은 곳에 들어가는 일은 크게 마음 쓸 일이 아니에요. 어느 대학교를 바라보며 입시 공부를 하든지, 내가 가려는 대학교에서 '커다란 배움'을 맞아들여 아름다운 삶과 넋과 말로 학문꽃을 피우도록 마음 쓸 일입니다. 조금 더 마음 쓸 수 있다면, 굳이 대학교에 가지 않으면서 내 배움꽃을 피울 수 있어요. 텃밭을 일구거나 꽃밭을 돌보면서 배움꽃을 피웁니다. 도서관이나 헌책방을 다니며 책을 읽을 때에 배움꽃을 이룹니다. 튀김닭이나 신문이나 우유를 나르면서 배움꽃을 얻습니다. 막일판이나 공장일꾼으로 살아가면서 배움꽃을 깨달아요. 다 다른 자리에서 다 다른 삶을 엿보는 한편, 내가 쓰거나 읽는 글에 어떠한 빛줄기를 담아 어떠한 삶줄기를 이루면 좋을지를 몸으로 느끼지요.

자, 그러면 문학 갈래에 따라 쓰는 글이 무엇인지 살짝 살펴봅니다.

산문 쓰기

모든 글은 산문에서 비롯합니다. 한자말로 '산문'이고 우리말로 '줄글'인데, 낱말책에서 풀이하는 '줄글'은 먼 옛날 한문으로만 글을 쓰던 이야기에 머무릅니다. 한문으로 글을 쓸 때에도 우리말 '줄글'로 가리키겠지만, 우리가 한문이 아닌 우리말을 한글이라는 그릇에 담는 글을 쓸 때에도 '줄글'이라 할 만해요. 따로 어떤 틀에 매이지 않으면서 줄줄이 쓰는 줄글이에요. 줄을 따라 한 줄 두 줄 써 내리는 글이 줄글이고요.

따로 어떠한 틀에 매이지 않고 쓰는 글이 산문, 곧 줄글인데, 이렇게 쓴 줄글은 시가 되기도 하고 소설이나 동화가 되기도 합니다. 내 마음이 흐르는 결을 곱게 살피며 꾸밈없이 적바림할 때에는 산문이 돼요.

시 쓰기

모든 글은 시에서 태어납니다. 시는 한자로 '詩'라 적는데, 한자로 적지 않아도 시는 시예요. 어쩌면 앞으로 말사랑벗님 가운데 '시'를 갈음할 만한 새 우리말 하나 빚을 수 있겠지요. 이 시란, 내가 글을 쓴다고 할 때에 가슴으로 담아 나누는 말밥입니다. 고픈 마음을 살찌우는 밥 같은 말, 이리하여 말밥이라 할 만한 글이 시예요.

시를 쓸 때에는 가락을 살린다거나 글자수를 맞춘다거나 할 수 있어요. 그렇지만 가락이나 글자수를 살피기 앞서, 내 마음이 흐르는 결을 제대로 읽어야 합니다. 산문은 내 마음이 흐르는 결을 꾸밈없이 적바림하면서 태어나고, 시는 내 마음이 흐르는 결을 꾸밈없이 적바림하면서 태어나기도 하지만, 더도 덜도 아닌 밥그릇 하나에 알뜰히 밥을 담듯, 잘 짜 놓은 틀에 걸맞게 담아내어 태어나기도 합니다.

소설 · 동화 쓰기

　소설하고 동화는 따로 갈래를 나눌 수 있으나, 둘을 하나로 여길 수 있습니다. 어른이 읽는다고 꼭 소설이거나, 어린이가 읽는다고 반드시 동화는 아니에요. 소설이나 동화는 산문이나 시에서 '어느 만큼 길이가 되는 줄거리'라는 살을 입히면서 이러한 '줄거리 살결'에 여러 가지 옷을 입힌다든지, '옷을 입힌 줄거리 살결이 여기저기 마실을 다니듯 돌아보는 삶'을 골고루 담아내는 이야기잔치입니다.

　산문은 꾸밈없이 적바림하는 티없는 글이고, 시는 꾸밈없이 적바림하려는 티없는 넋을 밥그릇 하나에 담은 글이며, 소설이나 동화는 꾸밈없이 적바림하려는 티없는 넋을 날마다 고마이 즐길 밥상을 꾸준하게 차리듯이 두고두고 즐기면서 언제나 새로운 기쁨을 베푸는 이야기잔치 같은 글입니다.

희곡 · 대본 쓰기

　희곡이나 대본을 처음부터 따로 쓸 수 있기도 할 테지만, 희곡이나 대본을 쓰자면 먼저 산문이랑 시랑 소설이나 동화랑 밑바탕을 다스려야 한다고 느껴요. 사람에 따라 한달음에 모든 일을 이루기도 하지만, 웬만한 여느 사람은 차근차근 발걸음을 떼면서 나아가잖아요.

희곡이나 대본은 무대에 올려 '나 스스로 하든 다른 사람한테 맡기든 서로 다 함께 하든' 몸짓과 목소리와 노래와 춤 들을 알맞게 섞으며 선보일 수 있도록 하나하나 풀이말을 달아 놓은 시나 산문이나 소설이나 동화라고 할 만합니다. 이 대목에서는 이 몫을 맡은 사람이 이런 목소리 높낮이와 어떠한 빠르기로 말을 한다고 풀이말을 달고, 저 대목에서는 무대 한쪽에 무엇을 꾸며 놓는다든지 하는 풀이말을 달아야 해요. 산문·시·소설·동화를 쓰거나 읽을 때에는 말없이 머리로 '이들 글로 이루는 이야기에 나타나는 모습'을 가만히 생각합니다. 희곡과 대본은 머리로 가만히 여러 모습을 생각하지 않고, 누구나 두 눈으로 바라보거나 두 귀로 들으며 가슴으로 뭉클하게 느낄 수 있게끔 풀이말을 꼼꼼하며 알맞춤하게 달아야 합니다.

앞서, 글쓰기는 삶쓰기라고 했어요. 삶쓰기로 나아가는 글쓰기는 말로 이룬 열매를 맺고, 글로 빚은 꽃을 피웁니다. 글을 잘 써도 좋고 못 써도 좋아요. 아니, 잘 쓴 글이란 없고 못 쓴 글 또한 없어요. 나 스스로 내 삶이랑 넋을 고운 말결과 글투에 담아 소록소록 새로 태어나도록 한다면 즐겁습니다. 말사랑벗님들 누구나 예쁘며 착한 말열매를 신나게 빚으면 좋겠어요. 말사랑벗님들 모두모두 참다우며 해맑은 글꽃을 꾸준하게 이루면 기쁘겠어요.

ㅁ. 내 마음과 삶이 좋아서

『동경괴동』이라는 만화책하고『이치고다 씨 이야기』라는 만화책이 있습니다. 말사랑벗들이 만화를 좋아한다면 한 번쯤 이름은 들었을는지 모르고, 만화를 좋아하지 않으면 이름이 낯설 수 있어요. 만화를 좋아하지만『동경괴동』이나『이치고다 씨 이야기』는 들추지 않을 수 있으며, 이 만화들을 읽었을지라도 이 만화가 말사랑벗들한테 무슨 이야기를 들려주려 하는지를 헤아리지 못할 수 있어요.

『동경괴동』은 '일본 도쿄'에서 정신병 치료를 받는 '괴물 같은 아이' 넷이 주인공으로 나옵니다.『이치고다 씨 이야기』는 '인형 몸에 깃든 외계인'이 착하지만 외로움을 타는 아이(대학생)하고 함께 살아가는 이야기를 다룹니다.

『동경괴동』은 일본이든 한국이든 매한가지인데, 도시에 지나치게 많은 사람들이 복닥거리면서 사랑이나 믿음을 잃은 슬픈 마음밭으로 살아가는 아이들 이야기를 보여줍니다. 아이들이기 때문에 마음앓이를 하면서 힘겨운지, 아이들을 둘러싼 어른들도 마음앓이를 하지만 느끼지 못하거나 티를 내지 않는지를 가만히 짚습니다.

『이치고다 씨 이야기』는 숱한 사람이 복닥이는 곳에서도 착한 넋과 매무새를 예쁘게 건사하면서 조그마한 들꽃처럼 조그마한 꽃내음을 나누는 아름다운 삶자락을 보여줍니다. 착하고 외로운 아이를 알아채거나 헤아리는 둘레 어른은 드물지만, 아이는 홀로 꿋꿋하고 씩씩하게 살아가요.

누구나 한 번 선물받는 목숨이고, 누구나 한 번 선물하는 목숨입니다. 말사랑벗들은 말사랑벗 어버이한테서 목숨을 선물받았어요. 나중에 말사랑벗들이 말사랑벗 어버이들 나이 즈음 된다면, 말사랑벗 또한 좋은 어버이가 되어 내 살과 피와 뼈를 나누어 새로운 목숨붙이한테 선물할 수 있습니다.

사람이 살아온 발자취는 이처럼 내 삶을 선물받거나 내 삶을 선물하면서 고이 이어왔습니다. 앞으로도 사람이 살아갈 발자취는 이렇게 내가 선물받은 삶을 내 뒷사람한테 선물하면서 이어져요.

우리가 '우리말 우리글'을 살피는 까닭은 바로 이 고마운 삶을 누리는 동안 어떠한 넋을 어떠한 말그릇과 글그릇에 담으면 즐겁고 좋을까를 헤아리고 싶기 때문입니다. 아무렇게나 살아가며 내 고운 목숨을 망가뜨릴 수 있을까요. 아무렇게 말을 하거나 글을 쓰면서 내 고운 삶을 일그러뜨릴 수 있을까요. 착하게 살아가며 착한 말을 쓰면 좋을 텐데요. 예쁘게 살아가며 예쁜 꿈을 북돋우면 기쁠 텐데요.

말 한 마디이든 글 한 줄이든 내 마음을 담아요. 말 두 마디이든 글 두 줄이든 내 삶을 실어요. 아프고 힘들 때에는 아프고 힘든 티가 말이랑 글에 묻어납니다. 기쁘고 신날 때에는 기쁘며 신나는 느낌이 말이랑 글에 스며듭니다. 애써 슬프지 않은 척하지 않아도 되고, 부러 기쁘다고 우쭐거리지 않아도 돼요. 느끼는 만큼 글로 담고, 생각하는 만큼 말로 나누면 좋습니다. 살아가는 결대로 서로를 마주 바라보면서, 살아가는 무늬대로 서로 오붓하게 나눌 이야기를 엮으면 돼요.

말은 누군가 듣고, 글은 누군가 읽습니다. 그러나 누군가 듣는다 해서

'예쁘게 들어 주기를 바라며' 하는 말은 아니에요. 누군가 읽기 때문에 '예쁘게 읽어 주기를 바라며' 쓰는 글은 아니에요. 들어 주는 사람이 있거나 없거나 한결같이 예쁘게 살아가면서 하는 말입니다. 읽어 주는 사람이 많든 적든 꾸준히 어여삐 살림을 북돋우면서 쓰는 글이에요.

이번에는 말사랑벗이 쓰는 글을 또 다른 갈래에서 살며시 들여다봅니다.

일기 쓰기

저는 국민학교라는 데를 다닐 때부터 늘 학교에서 얻어터지며 일기를 썼다고 했잖습니까. 일기란 누구한테 보여준다든지 검사를 받으려고 쓰는 글이 아닌데, 아직 우리나라에서는 이러한 틀이 깨지지 않아요. 하루를 돌아보며 내 삶을 얼마나 사랑하고 좋아했는가를 담는 글이 일기인데, 일기를 이렇게 쓰도록 이끄는 어른은 잘 안 보여요.

그러나 어른들이 일기 쓰기를 숙제 검사하듯 한다든지, 내 일기를 몰래 훔쳐본다든지 하더라도 주눅 들지는 마셔요. 내 일기는 내 하루 삶을 곱다시 적바림하는 사랑열매이니까요. 내 사랑열매를 알뜰히 일군다는 마음가짐을 살뜰히 이어 주셔요.

일기는 저녁에 잠자리에 들기 앞서 쓸 수 있고, 꼭 공책(일기장)이 아니더라도 작은 수첩을 주머니에 늘 넣어 다니면서 틈틈이 내 삶자락을 적바림할 수 있어요. 하루하루 그때그때 일과 삶과 생각을 담으면 일기 쓰기입니다.

책을 읽고 쓰는 글이 느낌글이에요. 요사이는 영화를 보고 나서 쓰는 느낌글이 있고, 연극이나 공연을 보고 쓴다든지, 노래를 듣고 쓸 수 있으며, 춤을 보거나 나 스스로 춤을 추고 나서 느낌을 적을 수 있어요. 큰 테두리에서 '책을 읽으며 받은 느낌을 꾸밈없이 적은 글'을 느낌글이라고만 할게요.

그런데 이 느낌글이란, 책에 어떤 줄거리가 담겼는가 하는 이야기를 적는 글은 아닙니다. 줄거리를 줄줄이 밝혀도 나쁘지는 않아요. 다만, 줄거리를 밝히든 안 밝히든, 책을 읽고 느낌을 글로 옮긴다 할 때에는, 책을 읽는 동안 내 넋과 삶이 어떻게 달라졌거나 거듭났거나 새로워졌는가를 밝혀야 알맞습니다.

앞서 다른 글쓰기 이야기를 할 때에도 적었는데, 일기이든 산문이든 시이든 누구한테 보여주려고 쓰는 글이 아니라고 했어요. 남 앞에서 자랑하는 글이 아니라고 했습니다. 나 스스로 내 삶을 돌아보면서 내 하루를 가다듬는 글이에요. 이렇게 나 스스로를 돌아본 글을 이웃이나 동무하고 함께 읽으면서 서로서로 생각이나 느낌이 사뭇 다르다고 깨우치는 한편, 즐거우며 고맙게 선물받은 삶을 다 함께 어깨동무하면서 힘차게 걸어가자는 뜻을 바로 이 느낌글에 담는다고 하겠어요.

책을 읽으며 좋은 넋을 얻거나 느꼈으면, 이렇게 얻거나 느낀 좋은 넋이 나로서는 다시 태어나는 좋은 삶이 되면서 저절로 샘솟는 글이 느낌글입니다.

느낌글은 느끼는 그대로 쓰지만, 생각글은 생각하는 그대로 씁니다. 흔히 한자말로 '논설문'이라 하는데요, 어떠한 일이나 사람을 놓고, 나는 어떻게 생각한다 하고 밝히는 글입니다. 다른 한자말로는 '주장'이라고도 하는데, '논설'이든 '주장'이든 "내 생각"이에요. 다른 사람 생각을 빌지 않고, 내 줏대와 깜냥대로 내가 어떻게 생각하는지를 밝혀서, 우리가 서로 어울리는 이 자리에서 한결 슬기로우면서 올바르거나 착하거나 참다운 길을 찾자고 하는 글입니다.

일기나 느낌글은 처음부터 남한테 읽힐 마음이 없이 쓰는 글인데, 생각글은 처음부터 남한테 읽힐 마음으로 쓰는 글입니다. 생각글은 남들이 함께 읽어 주면서, 또 그냥 읽기만 할 뿐 아니라 속알맹이를 제대로 파헤쳐 읽어 주기를 바라면서, 우리가 다 함께 마주하는 일이나 사람을 한결 깊고 널리 살피자는 글입니다.

일기라든지 느낌글을 쓸 때에는 '굳이 남한테 읽힐 글이 아니'니까 글씨를 삐뚤빼뚤 쓴다든지, 또는 글멋을 부리며 쓴다든지 할 수 있어요. 그러나 생각글은 달라요.

생각글은 손으로 글씨를 적을 때에는 아주 또박또박 써야 합니다. 까다롭거나 알쏭달쏭하거나 여러 뜻으로 읽힐 만한 글을 쓰면 안 돼요. 아주 똑부러지게 써야 하고, 단출하게 써야 하며, 같은 말을 되풀이한다든지 어영부영 늘어지게 쓰면 안 돼요. 내 생각을 환히 밝히면서, 내 생각을 맞느냐 틀리느냐 하고 따지는 얼거리가 아니라, 나로서는 내 슬기와 깜냥으로 이렇게 생각하니까, 당신들은 당신들 슬기와 깜냥에 따라 이야기를 나누자면서 말문을 여는 글이 생각글입니다.

　일기하고 느낌글하고 생각글을 밝혔습니다. 이 세 가지 글을 쓰는 바탕은 꼭 한 가지입니다. 내 마음과 삶이 좋아서 쓴다는 바탕 한 가지입니다. 스스로 좋아하며 쓰는 글이요, 스스로 내 삶을 좋아하도록 일구면서 쓰는 글입니다. 겉치레나 겉발림으로는 글을 쓸 수 없어요. 좋은 동무를 사귄다든지 좋은 이웃을 둔다든지 할 때에도 겉치레나 겉발림으로는 만날 수 없어요. 속을 가꾸면서 속을 채우는 사랑 어린 따스함으로 사람을 만나고 글을 씁니다.

우리들은 왜 고운 말 바른 말을 써야 하나요?

곱거나 바른 말은 따스하거나 너른 사랑과 믿음을 담는 말입
니다. 곱거나 바른 말로 내 생각을 들려주면, 나한테서 곱거나 바른 말
을 듣는 사람은 한결 따스하면서 넉넉한 마음을 함께 받습니다. 말에 담긴
줄거리뿐 아니라 말에 서리는 사랑을 함께 나눕니다. 이때에는 말을 듣는 사
람뿐 아니라 말을 하는 사람 또한 따스하면서 넉넉할 수 있습니다.
나 스스로 내 손과 입으로 고운 말을 들려줄 때에는, 내 마음과 가슴과 몸에
고운 기운이 감돌면서 한결 사랑스럽습니다. 나부터 내 손과 입으로 바른 말
을 펼칠 때에는, 내 마음과 가슴과 몸에 바른 넋이 흐르면서 더욱 믿음직합
니다. 내 이웃과 동무랑 다 함께 아름답게 살아가고 싶기에 고우며 바른 말
을 쓰자고 이야기합니다.

똥오줌은 지저분한 말인가요?

똥과 오줌을 지저분하다고 여긴다면 '똥오줌'이라는 낱말을 지
저분하다고 여길 테지요. 아마, 요즈음은 농사를 지으며 살아가는
사람이 몹시 적은 데다가, 어린이나 푸름이 가운데 어버이를 도와 농사를 짓
는 동무는 아주 적을 테니까, 똥오줌을 지저분하다고 여길 수 있으리라 생각
합니다. 그런데 농사를 지으며 똥과 오줌을 거름으로 삼지 않으면 농약과 화
학비료를 써야 합니다.
요사이는 '유기농'이라는 말을 제법 쓰지요? '유기농(有機農)'이 무엇일까

요? 한자로 지어서 쓰니까 알기 참 어려운 낱말이 되고 마는데, 유기농이란 "똥과 오줌을 거름으로 삼아 짓는 농사"입니다. 한마디로 '똥오줌농사'예요. 그런데 유기농이라는 낱말을 쓰는 분들은 여느 사람들이 '똥오줌'이라는 낱말을 안 좋게 받아들이니까, 이렇듯이 한자로 뒤집어씌워서 이야기합니다. 정작 똥오줌을 거름으로 농사를 지어야 '깨끗한' 농사이고 '깨끗한' 먹을거리를 얻는다고 하지만, 이러한 농사이름을 '똥오줌농사'라 가리키지 못하는 우리나라예요. '똥오줌농사'라 말하면 지저분한 듯 여기는 한국사람이에요. 이러면서 '유기농' 먹을거리를 맛있다며 즐기는 한국사람입니다.

저도 텃밭농사를 지으면서 똥오줌을 거름으로 쓰는데, 내 몸으로 들어온 밥이 똥과 오줌이 되어 나와서, 이를 잘 갈무리하여 거름으로 쓰면 흙이 한결 살아나며 제 마음과 몸도 한결 튼튼해집니다. 도시에서는 똥오줌을 거름으로 삼지 않으니까, 도시에서는 똥오줌은 모두 수세식변기로 흘려보내며 쓰레기처럼 버리니까, 도시사람한테는 똥오줌이 참 지저분하다고 느끼는 낱말이 되고 맙니다.

우리말이 있는데 왜 사람들은 영어나 일본말 같은 외국말을 즐겨쓸까요?

사람들 생각과 마음이 올바르거나 튼튼하거나 아름답게 서지 못했기 때문입니다. 나라사랑이나 겨레사랑 때문에 옳고 바르게 쓰는 우리말이 아닙니다. 나를 사랑하고 내 삶을 아름다이 다스리는 길을 찾으며 저절로 알맞으며 바르게 가다듬는 우리말입니다. 굳이 영어나 일본말을 써야 내 이름값이나 얼굴이나 학력이나 지식이 높아 보인다고 여기니,

오늘날 같은 모습은 앞으로도 바뀌기 어렵습니다. 입시지옥을 우리 손으로 걷어내고, 학력차별이나 도시문명이 잦아들도록 힘쓰지 않는다면, 또한 밥과 옷과 집을 내 손으로 알뜰히 일구는 '작으면서 예쁘고 착한 내 삶'을 돌보지 않는다면, 앞으로도 우리말보다 영어나 일본말 사랑은 그칠 수 없습니다.

아직 우리나라는 일제강점기 찌꺼기를 털지 못했습니다. 주민센터 같은 관공서뿐 아니라 군대나 법원에서 쓰는 말은 일제강점기에 스며든 일본 한자말이 수두룩합니다. 더구나 공무원이 되도록 시험을 치를 때에 보는 교재라든지 공무원이 되어 써야 하는 서류마저 지난날 일제강점기 일본 한자말 판입니다. 아마, 말사랑벗이 나중에 짝꿍을 만나 혼인을 해서 아이를 낳을 즈음 '출생신고서'를 쓰려 하면, 한마디도 못 알아들으리라 생각해요.

그런데 나라일을 맡은 공무원은 위에서 시키는 대로만 일할 뿐, 스스로 여느 말로 여느 사람을 돕는 몫을 제대로 못하기 때문에, 관공서를 비롯해 군대나 법원, 여기에 기자들이 만드는 신문이나 잡지조차 쉬운 살림말(생활말)하고는 동떨어지고 맙니다. 말사랑벗이 읽을 역사책이나 인문책이나 철학책도 여느 자리 여느 말하고는 사뭇 동떨어진 말로 가득합니다.

마실거리
생수

다. 우리말 착하게 가꾸기

우리 둘레 말삶을 더 돌아보면, '식수(食水)'나 '생수(生水)'란 낱말은 버젓이 쓰이면서 낱말책에 냉큼 실리지만, '마실물'이나 '먹는샘물' 같은 낱말은 여태 껏 낱말책에 안 실립니다. '생수'는 일본말이기에 '먹는샘물'로 고쳐써야 한다 고 정부에서 틀을 세운 지 한참 지났으나, 이러한 틀을 낱말책에 알뜰히 담지 못해요. 그나마, '믹을거리'는 낱말책에 실어 놓으나, '마실거리'는 낱말책에 없습니다. 고작 '음료수(飲料水)' 한마디만 실립니다.

ㄱ. 왜 말하는가 돌아보고,
애써 글쓰는 삶

우리 식구들 살아가는 멧골집 둘레에는 가게가 없습니다. 시골집만 있는데, 가까운 이웃집조차 꽤 멉니다. 도시에서 살다가 시골로 온 만큼, 우리 집 아이는 때때로 얼음과자나 까까 노래를 부르곤 하며, 애 아빠인 저는 보리술 생각이 날 때가 있습니다. 그렇지만 걸어서 다녀올 구멍가게나 편의점이란 아예 없을 뿐더러, 얼음과자나 보리술을 파는 곳까지 낮에 걸어서 찾아가자면 오가는 데에만 한 시간 반쯤 걸립니다.

바라보기에 따라 다른데, 우리 살림집은 오늘날 문명하고 동떨어졌다 할 만하지만, 여느 시골은 다 이와 같아요. 굳이 가게에 들러야 할 일이 없고, 집에서 모든 일을 다 봅니다. 가게에 갈 일이란 때때로 오일장에 맞추어 읍내로 가면 넉넉합니다.

가끔 아이랑 도시로 마실을 나와 보면, 길가에 가게가 끊이지 않는 모습을 보며 눈이 아프다고 느낍니다. 참말 도시에서는 가게를 꾸려야 살아남고, 가게에서 물건을 사야 살아갑니다.

그런데, 가게마다 간판을 어떻게 붙이는지 찬찬히 살펴보신 적 있나요?

얼마 앞서 아이하고 둘이 서울마실을 하고 집으로 돌아오는 길인데, 창전동 골목 한켠에서 '커피가게'라는 찻집을 하나 보았습니다. 커피를 파는 집이라 '커피가게'일 텐데, 이곳은 아예 이름이 '커피가게'였어요. 흔히들 '커피숍'이라 하잖아요. 더구나 알파벳으로 'coffee shop'이라 적

기 일쑤이고요. 어른들이랑, 또 동무들이랑 길거리를 다니면서 커피집 간판을 가만히 살펴보셔요. 하나같이 알파벳으로 간판을 적어 놓는답니다.

이와 달리, 김밥집 가운데 간판에 알파벳 한 글자라도 적어 놓는 집은 없습니다. 한자조차 적어 넣지 않아요. 국밥집이나 분식집이나 여느 밥집도 마찬가지예요. 여느 밥을 파는 가게 가운데 간판에 영어나 한자를 적어 넣는 곳은 없어요. 그리고, 머리방이라든지 햄버거집이라든지 튀김닭집은 으레 영어를 많이 적어 넣습니다. 그러나, 시골마을 머리방은 오로지 한글로만 적어 놓더군요. 간판에 영어를 적어 넣는 집하고 간판에 한글만 있는 집하고 무엇이 다를까를 곰곰이 생각해 보셔요. 그리고, 글만 한글인지 속뜻까지 우리말인지를 함께 헤아려 보셔요.

저는 우리 말사랑벗들이 착한 마음과 참다운 넋과 고운 얼을 사랑하면서 살아간다면 고맙다고 여깁니다. "우리말이 온누리에서 가장 훌륭한 말이야."라든지 "한글만큼 멋지며 알찬 글이란 없지." 같은 생각으로 말과 글을 생각하거나 아끼려 하지 않으면 고맙겠다고 여깁니다. 그저 내 삶으로 받아들이면서 보듬어 주면 좋겠어요. 그예 내가 사랑할 삶이듯 내가 사랑할 말이라고 헤아리면서 껴안을 수 있으면 좋겠어요.

나 스스로 마주하는 이웃이 누구인가에 따라, 또 내가 가게 임자라 할 때에 어떤 손님을 맞이하려 하는가에 따라 말과 글이 달라져요. 시골 읍이나 면에서 시골 농사꾼을 손님으로 맞이할 가게에서 'shop' 같은 말을 섣불리 간판에 적지 않겠지요. 서울 강아랫마을 같은 데 가게에서는 시골 농사꾼을 손님으로 맞아들일 까닭이 없을 테니까 갖가지 알파벳을 잔뜩 적어 놓겠지요.

착하게 생각하며 착하게 살아가려는 사람이라면 착하게 말을 합니다. 참답게 생각하며 참다이 살아가려는 사람이라면 참다이 글을 써요. 곱게 생각하며 고이 살아가고픈 사람이라면 고이 이야기꽃을 피웁니다.

ㄴ. 삶말

제가 살아가는 집은 겨울에는 춥고 여름에는 덥습니다. 어쩌면 너무 마땅한 소리라 할 만한데, 참말 이렇습니다. 겨울에는 추워서 손이 곱습니다. 겨울이면 집에서 긴옷을 여러 벌 껴입으면서 지내고, 여름이면 집에서 거의 맨몸 차림으로 보냅니다. 봄에는 봄날대로 봄기운을 느끼는 집입니다. 여름이면 여름다움을 받아들이고, 가을에는 가을이구나 하고 헤아립니다. 겨울철은 겨울이란 어떠한 날씨인가를 새삼 깨닫습니다.

모든 시골집이 우리 집마냥 춥거나 덥지는 않아요. 제가 집살림을 알뜰히 여미지 못하는 나머지 겨울에 제법 추운 채 지낸다 할 수 있습니다. 그래도 우리 살붙이들은 한데에서 자지 않아요. 오늘날 우리네 삶터 곳곳에는 내 보금자리 한 칸 없어 길바닥에서 잠을 자며 먹고살아야 하는 사람이 무척 많아요. 우리는 고맙게 보금자리를 얻었고, 제법 춥다 하지만 길바닥 아닌 멧골자락 살림집에서 따스하게 이불을 덮으며 잠들 수 있습니다.

누구나 이와 마찬가지인데요, 누구나 저마다 살아가는 터전에 걸맞게 말을 배우고 나눕니다. 고운 터전에서 고운 이웃과 어버이하고 어울릴 수 있는 사람은 고운 말을 듣고 익히며 쓰는 삶을 꾸립니다. 거친 터전에서 거친 이웃이랑 어버이하고 부대껴야 하는 사람은 거친 말을 듣고 받아들이며 쓰는 삶을 꾸립니다.

경상도에서 태어난 사람은 경상도 삶터와 사람과 자연에 걸맞는 기운을 받아들이며 내 말을 돌봅니다. 강원도에서 나고 자란 사람은 강원도 삶터와 사람과 자연에 들어맞는 흐름을 맞아들이며 내 말을 살찌워요. 서울에서 어린 나날을 보내면 서울이라는 터전과 사람과 흐름에 발맞추는 말을 쓰겠지요.

스스로 살아가는 결에 따라 말을 받아들입니다. 스스로 좋아하며 마주하는 사람들과 함께 말을 살피며 주고받습니다. 나는 내 동무랑 이웃한테서 말을 배우는 한편, 내 동무랑 이웃은 나한테서 말을 배웁니다. 내가 얄궂거나 짓궂거나 어설프거나 못난 말을 일삼는다면 내 동무랑 이웃은 나한테서 이런 말투에 차츰 젖어듭니다. 나부터 정갈하고 알뜰하며 넉넉한데다가 사랑스레 말을 한다면 내 동무랑 이웃은 나한테서 이런 말투에 하루하루 익숙해져요. 이리하여 삶말입니다.

삶말을 놓고 우리가 알차게 살찌울 만한 대목을 조곤조곤 짚어 봐요.

네나라

학교에서는 '삼국시대'라고 배우지만, 가만히 살피면 고구려랑 백제랑 신라에다가 가야가 있어요. 말사랑벗도 알 만한 '가야금'이란 악기는 가야사람이 만들었어요. 가야는 아예 나라로 안 치며 일컫는 '삼국三國'인데, 한자말로 '사국'이라 할 수 있으나, 우리는 '네나라'라 하면 더 좋아요. 북녘에서는 '세나라시기'라는 낱말을 씁니다. 북녘도 '네나라시기'라 하면 한결 좋겠지요.

살붙이

'살붙이'하고 '피붙이'는 같은 낱말이에요. 두 낱말은 '한식구'를 가

리켜요. 요사이는 일본 한자말 ‘가족家族’만 자꾸 써 버릇하지만, 우리한
테는 우리 좋은 말 ‘살붙이’가 있습니다.

사랑놀이

학교나 동네 담벼락에 짓궂게 ‘sex’라고 흘겨 적는 짓궂은 동무들이 있
어요. 교과서나 여느 책에는 으레 ‘성교性交’라는 낱말만 나오고, ‘짝짓
기’는 짐승한테만 쓰는 낱말로 삼아요. 정 사람한테 ‘짝짓기’를 못 쓰겠
으면 ‘사랑짓기’라 말하면 되고, ‘사랑놀이’나 ‘사랑맺기’라 할 수 있습
니다.

새하늬마높

학교에서 ‘높새바람’이라는 바람이름 하나는 듣겠지요. 그러면 높새바
람이 어떤 바람인지 아시나요? ‘높(북) + 새(동)’라서, 한자로 적을 때에 ‘北
東’을 가리키는 우리말이랍니다. ‘하늬바람’은 서쪽에서 부는 바람이에
요. ‘동서남북東西南北’을 가리키는 우리말이 ‘새·하늬·마·높’입니다.

하나둘셋

자동차 다니는 길을 놓고 ‘이차선二車線’이나 ‘사차선四車線’이라고 하
는데, 우리말로는 ‘두찻길’이나 ‘네찻길’이에요. 전화번호를 말할 때
‘영 셋 둘(032)에, 하나 둘 셋(123) 국, 넷 다섯 여섯 일곱(4567)이에요’ 하고
이야기하면 참으로 좋습니다.

이태

　"두 해"를 일컫는 '이태'예요. "지지난해"를 일컫는 '그러께'이고요.
이제는 어르신들도 이 같은 우리말을 쓸 줄 모르고 '이년二年'이라고만 합
니다만.

밥버릇

　좋아하는 밥을 즐겨먹을 수 있고, 먹기 싫은 반찬은 안 먹을 수 있어요.
골라먹기나 가려먹기(편식偏食)를 하면
몸에 안 좋다고 하고요. 그러니까
'고루먹기'를 해야겠지요. 온누리
를 고루 살피고 내 마음을 고루 가꾸
며 밥상에서도 고루 즐기면 아름답습니다.

살림돈

　살림을 꾸리며 써야 할 돈이기에 살림돈입니다. 말사랑벗들은 아마 '생
활비生活費'라는 낱말만 들었으리라 생각해요.

뜨개질

　학교나 집에서 뜨개질을 배우는지 궁금하네요. 집에서 손수 옷을 지어
입는 사람은 몹시 드무니까. 옷은 사서 입어야 한다고 생각하지는 않나
요? 우리들이 옷을 돈 주고 사 입은 지는 얼마 안 되었어요. 길쌈을 하고
뜨개질을 하며 바느질을 하던 우리 삶입니다.

방긋웃음

사람마다 웃는 모양새가 달라요. 같은 사람이라도 때와 곳마다 웃음짓는 매무새가 다르고요. 방긋 웃고 싱긋 웃으며 활짝 웃다가는 살며시 웃습니다. 음전히 웃고 얌전히 웃으며 다소곳하게 웃어요. '미소微笑'는 일본말입니다.

장님

'장애자'를 '장애인'으로 고쳐 일컫다가 '장애우'라는 새말까지 쓰지만, 정작 장애와 함께 살아가는 사람을 푸대접하거나 막대접하는 삶터는 달라지지 않아요. '장님'이란 우리말을 버리고 '시각장애인'이라 일컫는다 해서 복지나 문화나 사회나 교육이 달라지는지 궁금해요. 말은 바꾸지만 삶을 바꾸지 못하고 생각을 바꾸지 않는다면 무슨 보람이나 뜻이 있는지 아리송해요.

손말

손으로 나누는 말이기에 손말입니다. 입으로 나누는 말이면 입말이고, 글로 적어 나눈다면 글말이에요. 입으로 소리를 내는 사람은 입말을 쓰고, 입으로 소리를 못 내는 사람은 손말을 씁니다.

쉼터

예전부터 '쉼터'란 말을 썼는지는 알 수 없습니다. 다만, 하루하루 새로 거듭나는 누리에서는 '휴게소休憩所'나 '휴게실休憩室'이 아닌 '쉼터'

로 자리잡습니다. 사람을 만나는 자리라면 '만남터'이고, 신나게 노는 곳은 '놀이터'이며, 땀흘려 일하는 곳은 '일터'예요. 즐거이 가르치고 배우는 곳은 '배움터'입니다.

씻는방

겨울이 되니 시골집 씻는방이 자꾸 얼어서 걱정이네요. 아파트라든지 빌라라든지 하는 곳에서는 한결같이 '욕실浴室'이라 하지만, 우리 집에는 씻는방만 있어요.

훔치기

걸레를 잘 빨아서 방바닥을 훔칩니다. 네 살배기 딸아이는 돌쟁이였을 때부터 아빠 옆에서 '방바닥 훔치는 모습'을 말끄러미 지켜보았습니다. 물을 살짝 틀어 그릇을 부십니다. 우리 집 딸아이는 저도 설거지를 해 보고프지만 아직 엄마 아빠가 시키지 않습니다. 어차피 크면 알아서 다 할 수 있는 일이니까요. 이마에 흐르는 땀을 훔칩니다. 날마다 집살림을 힘겹지만 즐거이 치러 냅니다.

ㄷ. 푸른말

　말만 예쁘장하게 쓰는 사람이 있어요. 삶이나 매무새는 하나도 예쁘장하지 않을 뿐더러, 넋이나 얼 또한 조금도 예쁘장하지 않을지라도 말만큼은 예쁘장하게 쓰는 사람이 있어요.

　어린이문학을 하던 이원수 님 이름을 아는 말사랑벗은 몇 사람이나 있으려나요. 말사랑벗들은 어릴 적부터 이원수 님 동요나 동시나 동화를 읽었는가요. 읽은 벗님이 있고, 이름을 모르는 벗님이 있겠지요.

　이원수 님은 『애들아 내 얘기를』이라는 수필책을 어린이가 읽도록 1975년에 내놓은 적 있는데, 이 책에 '글은 곧 사람이다' 라는 이름을 붙인 짧은 글이 실렸어요. "마음이 곧은 사람은 곧은 글을 쓰고, 마음이 슬픈 사람은 슬픈 글을 쓰고, 성격이 괄괄한 사람은 괄괄한 모양의 글을 쓴다."고 하면서, 글을 읽으면 이 글을 쓴 사람이 어떤 마음인가를 헤아릴 수 있다고 이야기합니다.

　그런데 말사랑벗들은 말만 참 예쁘장하고 삶은 엉망이거나 짓궂거나 미워 보이는 사람을 만난 적이 있나요. 참말 말은 훌륭하거나 멋진데, 하는 모양은 엉터리인 사람이 있거든요.

　그래서 이원수 님은 "그러나 그 속에 아름다운 마음, 아름다운 생각은 없었다. 그 시를 쓴 사람을 나쁘다고 한 것은 그가 속은 좋지 않으면서 겉으로만 좋은 듯이 꾸미고 다니는 사람이기 때문이다." 하고 덧붙입니다.

　저 또한 이와 같이 생각하고 느끼며 살아갑니다. 제가 들려줄 수 있는 이야기는 오로지 제 삶 테두리입니다. 제가 살아가는 그대로 이야기를 엮어서 나눌 뿐입니다. 저부터 아름다이 살아가지 못하면서 아름답다 싶은 모습을 보여줄 수 없어요. 저부터 더 착하게 살아가지 않으면서 착한 마음이나 넋을 이야기할 수 없어요. 저부터 집에서고 밖에서고 어디에서고 바르며 고운 말을 즐겨쓰지 않는다면, 이 책에서만 바르며 고운 말 이야기를 적바림할 수 없어요.

푸른말을 생각합니다. 푸른말이란 말사랑벗님이 보내는 10대라는 나이에 둘레에서 들으면서 말사랑벗님 스스로 쓰는 말을 일컫습니다. 푸름이가 쓰는 말이기에 푸른말이에요. 또한, 내 삶과 넋을 푸르게 가꾸고픈 꿈으로 쓰는 말이 푸른말이에요.

나이로 치면 10대 푸름이가 쓰는 말이지만, 나이를 넘어 누구나 푸른 모두를 사랑하고플 때에 쓰는 푸른말입니다. 옷차림만 푸름이답기보다 마음차림부터 푸름이다우면 좋겠고, 나이를 세는 밥그릇으로만 푸름이가 되기보다 사랑을 담는 마음그릇부터 푸름이다우면 좋겠어요.

배움집

우리는 '학교學校'라는 한자말을 씁니다. 이 한자말은 한자말이라기보다 그냥 우리말이 되었기에 굳이 한자를 밝힐 까닭이 없어요. 초등학교는 '초등학교'이지 '初等學校'가 아니고, 중학교는 '중학교'이지 '中學校'가 아닙니다. 그런데 학교는 어떤 곳일까요. 배우는 곳이지요. 배우는 곳이기에 '배움곳'이나 '배움터'일 테고, 건물이 선 학교뿐 아니라 마을이나 집 어디에서나 사람들 누구나 배우기에 '배움마을'이요 '배움집'이며

‘배움누리’이고 ‘배움마당’입니다.

스승

해마다 5월 15일 하루만 ‘스승날’이라 하면서 ‘스승’이라는 낱말을 씁니다. 다른 때에는 ‘교사’나 ‘선생’이라고만 해요. 우리한테는 좋은 낱말 ‘스승’이 있지만 좀처럼 이 낱말을 못 쓰며 살아요. 참다운 스승, 곧 참스승이 없기 때문인가요. 내 마음에 참스승을 못 모시며 살아가기 때문일까요.

동무

북녘사람들은 나이나 계급을 아랑곳하지 않으며 ‘동무’라고 불렀다 합니다. 그래서 1950년대부터 남녘땅 사회와 학교에서는 이 낱말 ‘동무’를 몹쓸 낱말로 여기고 말았어요. ‘어깨동무’ ‘길동무’ 하듯이 동무일 뿐인데요. ‘사랑동무’ ‘마음동무’ ‘공부동무’ ‘놀이동무’처럼 우리들은 좋은 벗님, 그러니까 너나들이를 사귀면 좋을 텐데요.

골마루

건물이나 집에서 나무로 바닥을 댄 거님길을 골마루라 합니다. 옛날 학교는 나무로 지어서 ‘복도’ 아닌 ‘골마루’였어요. 그런데 아파트에서도 ‘마루’이고 ‘부엌’은 똑같아요. 솥을 걸어야만 부엌이 아니고, 시멘트로 바닥을 대었어도 ‘골마루’랍니다.

푸름이

이름만 푸름이로 쓴다 해서 참으로 푸른 사람 푸른 꿈 푸른 날 푸른 이야기를 떠올릴 수 있지는 않지만, '청소년'이라는 이름에서는 푸른 빛깔과 맑은 무지개를 떠올리기 너무 어려워요.

사랑매질

예부터 학교에서 '사랑의 매'라는 이름으로 얼차려를 하거나 매질이나 주먹질을 했습니다. '체벌'이라고도 하는데, 참말 사랑을 담은 매질이라면 이름부터 '사랑매질'이라 붙여서, 거짓없이 사랑을 담은 손길로 우리들을 어루만지면 고맙겠어요.

개밥도토리

'왕따'는 일본말이라 '집단 따돌림'이라 써야 한다고들 하는데, 이 나라에도 예부터 '개밥도토리'랑 '돌림뱅이'가 있었어요. 일본에서 들어온 못된 짓이 아니라, 우리한테도 우리들 살갑고 사랑스러운 벗을 괴롭히던 슬프며 못난 삶이 있었습니다.

건널목

나어린 아이들은 건널목을 건널 때에 손을 높이 들도록 시킵니다. 키가 작아 '자동차에 탄 어른들 눈에 잘 안 보이'기 때문입니다. 그런데 건널목 앞에서 얌전히 서거나 기다리는 어른은 몇이나 되나요. 아이들은 어른들 차 모는 모습을 바라보며 나중에 어른이 되어 차를 몰 때에 똑같이 슬픈

빛으로 차를 몬다고 느껴요. 날이 가고 해가 바뀌어도 건널목 앞에 서면 무섭습니다.

징검돌

시골 아저씨는 말사랑벗한테 징검돌 하나입니다. 말사랑벗이 저 같은 아저씨 한 사람을 밟고 새길을 걸으면서 슬기로우며 예쁜 넋을 북돋우면 좋겠다고 느낍니다. 징검다리를 이루는 징검돌입니다. 나중에 말사랑벗님들이 씩씩하며 훌륭한 어른이 된다면 또다른 징검돌 노릇을 해 주셔요. 디딤돌이나 받침돌이나 밑돌 노릇도 좋아요. 걸림돌은 되지 말아 주셔요.

길잡이

가시밭길을 꿋꿋이 헤치면서 뒷사람한테 도움이 되는 사람을 일컬어 '이슬떨이'라 합니다. 이슬떨이만큼 대단하게 살 수 없어도 길잡이 노릇으로도 즐겁습니다. 길잡이가 못 된다면 길동무로도 좋고, 그냥 길손이 되어도 괜찮아요.

꿈날개

꿈에 날개를 답니다. 생각에도 날개를 답니다. 마음에도 날개를 달아요. 이야기에도 날개를 달고, 책이나 글이나 선물이나 꽃이나 나무한테도 날개를 달아 봅니다.

삶이야기

 ‘판타지’란 어떤 이야기일까 생각해 봅니다. 어른들은 우리가 읽을 문학을 손수 쓰거나 나라밖에서 들여오면서 ‘판타지문학’이라는 이름을 쓰는데, 우리 삶에서 길어올린 이야기라면 꾸밈없이 ‘삶이야기’라 해도 되고, 우리 꿈을 마음껏 펼치는 이야기라면 수수하게 ‘꿈이야기’라 해 볼 수 있으리라 생각합니다.

셈틀

 아저씨도 ‘컴퓨터’라는 낱말을 쓰지만, 때때로 ‘셈틀’이라는 낱말을 쓰곤 합니다. ‘셈＋틀’이라 셈틀이고, ‘셈’이란 ‘세다’에서 비롯했으며, ‘세다’는 ‘헤다’에서 온 말이요, ‘헤다’는 ‘헤아리다’로 가지를 뻗었습니다. ‘헤아리다’란 ‘생각하다’입니다. 그러니까, ‘셈틀’이란 ‘생각틀’이요 ‘꿈틀’이기도 합니다.

빛슬기

아저씨하고 아줌마는 첫째 딸아이 이름을 '사름벼리'라고 지었습니다. 아저씨랑 아줌마는 어버이 성씨를 둘 다 안 쓸 마음으로 딸아이 이름을 지으며 '사름'을 성으로 삼고 '벼리'를 이름으로 삼았어요. 호적에 올릴 때에는 아버지 성을 넣어야 했는데, 여느 자리에서는 아버지 성을 뺀 '사름벼리'라고만 불러요. 티없이 고우면서 꾸밈없이 어여삐 살아가기를 바라는 마음을 이름 넉 자에 담았어요. '빛슬기'라는 낱말은 푸름이로 살아가는 말사랑벗들이 빛과 같은 슬기를 몸소 일구면서 나누면 좋겠다는 꿈을 담아 새로 지어 봅니다. '꿈슬기'를 지을 수 있고 '참슬기'라든지 '멋슬기'라 지어도 되겠지요. 더 많은 지식보다는 더 따스한 슬기와 더 너그러운 빛깔을 사랑해 주면 기쁘겠어요.

ㄹ. 사랑말

우리 식구들 살아가는 시골마을에서는 읍내 장날에 맞추어 바깥마실을 합니다. 읍내 마실을 한다고 읍내 모든 곳을 두루두루 누비지는 않습니다. 읍내로 마실을 할 때면 새삼스레 보거나 느끼는 모습도 많아요.

저번에는 아이를 자전거수레에 태우고 함께 마실을 하고 돌아오는 길에 음성읍 끝자락에 자리한 '무지개 아파트'를 보았습니다. 시골 읍내에도 아파트는 참 많으며 새로 짓는 아파트 또한 많은데, 이 가운데 수수하며 시골스러운 이름이 붙는 곳이 더러 있어요. 시골 아파트라 하면 영어보다는 토박이말을 사랑할 듯하다고 여길 만할까요? 시골 아파트라 해서 토박이말을 잘 쓰지는 않아요. 되레 영어나 한자말 이름이 많다 할 수 있어요. 도시 아파트라 해서 영어나 한자말 이름이 많을까요? 외려 '개나리 아파트'라든지 '진달래 아파트'라는 이름을 만나기도 합니다.

다만, 아파트 이름으로 '무지개'나 '개나리'나 '진달래'를 쓰는 곳은 크기가 작아요. 영어나 갖가지 바깥말을 섞어서 쓰는 'Xi'나 '來美安' 같은 아파트들은 크기도 큽니다. 요사이는 '에코메트로'나 '에코빌'이라는 이름을 쓰기도 하더라고요.

처음에 '에코메트로'나 '에코빌'이라는 이름을 들었을 때에는 환경운동 하는 사람들이 또 얄궂게 이름을 붙이는구나 하고 여겼습니다. '에코라이프'니 '에코우먼'이니 '에코러브'라느니 '에코북'이라느니, 더구나 '에코북시티'라는 말까지 나돌아요.

환경운동이란 자연 터전만 곱게 지키자는 흐름이 될 수 없습니다. 환경운동이란 자연과 사람과 삶이 한결같이 아름다우면서 참답고 착하도록 이끄는 흐름이 되어야 올발라요. 그런데 ‘환경사랑’ 조차 아닌 ‘에코러브’라 하거나 ‘푸른환경’이 아닌 ‘그린에코’라 하거나 ‘환경책’이라 않고 ‘에코북’이라 하면 어떻게 될까요. ‘환경마을’이나 ‘환경사랑마을’에서 살 수는 없을는지요. ‘푸른마을’이나 ‘푸른책마을’이나 ‘푸른꿈책마을’이나 ‘푸른사랑책마을’이라는 이름을 붙이면서 살아갈 수 있어요.

‘綠色’은 일본 빛이름입니다. ‘草綠’은 중국 빛이름이에요. 한국 빛이름은 ‘푸름’이나 ‘풀빛’입니다. ‘綠色’이란 ‘풀綠＋빛色’이고, ‘草綠’이란 ‘풀草＋푸름綠’이에요. 우리들이 이 나라에서 이 터전과 이 겨레를 사랑하면서 벌일 환경운동이라 할 때에는 참다이 한겨레 삶터에 걸맞게 어깨동무하는 일마당이 될 수 있어야 아름다워요. 삶과 터와 사람과 사랑과 말과 글을 한동아리로 살필 수 있어야 슬기롭습니다.

참다운 살림집이란 사랑스러운 살림집이라고 생각해요. 착한 환경운동이란 믿음직한 환경운동이라고 생각해요. 고운 말글이란 따스한 말글이라고 생각해요. 우리들은 말을 하거나 글을 쓸 때에만 예쁘장하게 꾸밀 노릇이 아니라, 우리 삶을 꾸밈없이 사랑하거나 아끼는 나날을 누리면서 말과 글 또한 꾸밈없이 사랑하거나 아껴야 한다고 느껴요. 우리 스스로 내 삶을 꾸밈없이 사랑하거나 아끼는 결을 고스란히 환경운동으로 옮기고 책읽기로 옮기며 공부와 살림살이로 옮겨야 한다고 느껴요.

두 가지 사랑말을 곱씹어 봅니다.

저는 책을 만들거나 쓰거나 읽는 일을 해요. 좋은 짝꿍하고 살림을 꾸리기도 하고, 어여쁜 아이를 돌보기도 하지만, 일찍부터 해 온 일은 책마을 책손으로 지내다가 책마을 일꾼이 되며 책을 만지는 일이에요. 저로서는 '책사랑'이라는 낱말을 퍽 예전부터 즐겨썼습니다. 저한테는 책사랑일 텐데, 아마 말사랑벗한테는 영화사랑이나 그림사랑이나 사진사랑이 될 수 있어요. 게임사랑이라든지 농구사랑이나 야구사랑이나 배구사랑이 될 수 있겠지요. 탁구사랑이나 수영사랑이 될 수 있고, 가야금사랑이나 기타사랑이 될 수 있어요. 노래사랑이나 춤사랑도 있습니다. 연극사랑이나 손말사랑이 있어요. 하느님사랑이나 부처님사랑이 있을 테고, 교회사랑이나 학교사랑도 있겠지요. 동무사랑이나 스승사랑이 있고, 동네사랑이랑 마을사랑이 있어요. 걷기사랑이나 자전거사랑이 있을 테며, 여행사랑이라든지 빨래사랑이라든지 있을 테지요.

말사랑벗한테는 어떤 사랑이 가장 애틋한가요. 말사랑벗이 가장 좋아하거나 즐기는 사랑이란 무엇인가요. 누군가는 외국어사랑을 할 만하고, 누군가는 역사사랑을 할 만합니다. 철학사랑이나 과학사랑을 해 볼 만합니다. 문학사랑이나 로봇사랑도 좋아요. 엄마사랑 아빠사랑 누나사랑 언니사랑 동생사랑 오빠사랑 모두 좋고요. 사랑을 하기에 '사랑'을 한다고 이름을 붙입니다. 어쩌면 말사랑벗 가운데에는 이름 두 글자가 '사랑'인 벗이 있겠네요. 최사랑이나 송사랑이나 김사랑이나 박사랑이나 전사랑이나 이사랑이나 고사랑이 있으리라 생각해요.

'사랑'이라는 이름은 어릴 적에도 예쁘고 푸름이일 때에도 예쁘며 할머니나 할아버지가 되어도 예쁘다고 느낍니다. 듣는 사람부터 즐겁고, 말하는 사람 또한 기뻐요. '사랑' 두 글자를 혀에 얹어 살며시 내보낼 때에 보드라우면서 따사로운 기운이 서린다고 할까요.

저는 책사랑을 하면서 헌책방사랑을 함께 합니다. 그래서 헌책사랑이라는 말도 쓰고, 한동안 「헌책사랑」이라는 이름을 붙여 조그맣게 소식지를 낸 적 있어요. 마땅한 노릇일 테지만, 「우리말사랑」이라는 이름을 달고 소식지를 내기도 했습니다.

이제는 짝꿍사랑인 사람사랑을 하고, 우리 집 두 아이를 아끼는 아이사랑을 합니다. 이와 함께 저와 옆지기를 낳아 길러 주신 어버이를 헤아리는 어버이사랑을 해야지요. 제가 뿌리내리며 지내려는 시골마을을 아끼는 시골사랑과 멧골사랑을 할 생각이며, 땅사랑 흙사랑 텃밭사랑 고구마사랑 감자사랑 나락사랑 배추사랑 무사랑도 하면서 살아야지요. 집식구들 함께 끓여 먹을 동태찌개를 앞에 둔다면 찌개사랑이 될 테고요. 그러고 보니 날마다 밥사랑을 하는군요. 설거지사랑도 하고 걸레사랑도 하며 기저귀사랑도 합니다.

아, 이곳저곳 둘러보고 돌아보노라면 온통 사랑이네요. 버스를 타면 버스사랑이고 기차를 타면 기차사랑입니다. 이웃을 마주하면 이웃사랑이요, 제주섬 마실을 하면 제주사랑이며 섬사랑인데, 인천 골목동네 마실을 하면 인천사랑이자 골목사랑입니다. 사랑 아닌 일이란 없고, 사랑 없이 이룰 일이란 없어요. 이처럼 내 삶이 온통 사랑이면서 말사랑을 하고 글사랑을 합니다. 이야기사랑을 꽃피웁니다.

일본사람이 빚은 예쁜 영화에 붙은 이름은 'Love Letter'입니다. '러브 레터'조차 아닌 'Love Letter'입니다. 일본사람은 한국사람 저리 가라 할 만큼 영어를 사랑합니다. 아마 일본사람은 일본말로 '라부레또'라 했겠 지요.

그나저나 이 일본사람 영화를 한국사람이 즐기도록 들여오면서 'Love Letter'라는 이름을 고스란히 살렸고, 한글로 적어도 '러브레터'일 뿐입 니다. 우리말로 알맞게 '사랑편지'라 적바림하지 않아요. 그래도 요사이 에는 '사랑편지'라는 낱말을 그럭저럭 쓰기는 쓴다는데, '러브레터'라는 낱말처럼 두루 사랑받으면서 쓴다고는 느끼기 어렵습니다.

'러브레터'라고 말을 하거나 글을 써야 무언가 사랑스러운 마음을 나 눈다고 여기지, '사랑편지'라는 이름으로는 썩 사랑스럽다고 느끼지 못 하는가 봐요. 참말로, '사랑소설'이라는 이름조차 없이 '연애소설'입니 다. '사랑영화'나 '사랑연속극'이라는 이름은 없고 '멜로물'이나 '애정 영화'입니다. '사랑노래'는 낡고 '러브송'은 싱그러운가 궁금합니다. "우리나라를 사랑해요"는 시답잖고 "알러뷰 코리아"는 귀여운지 알쏭달 쏭합니다. '사랑라디오'는 고리타분하기에 '러브 에프엠'이라는 이름이 붙는지 아리송해요.

왜들 이렇게 우리 스스로 사랑을 나누지 못하며 살아가나요. 왜들 이렇 게 나부터 사랑을 길어올리면서 오순도순 나누지 못하며 지내는가요. 이 나라가 사랑나라로 거듭나고, 이 누리를 사랑누리로 추스르며, 이 터를 사 랑터로 가꿀 수 있으면 좋겠습니다.

　사랑을 담아 사랑글을 쓰고, 사랑글을 엮어 사랑책을 내놓으며, 사랑책으로 사랑넋과 사랑얼을 함께할 수 있으면 기쁘겠습니다. 제 조그마한 사랑꿈과 사랑빛을 담아 사랑편지 몇 줄 적바림합니다.

ㅁ. 일말

낱말책에는 '밥하기' 하고 '밥짓기' 라는 낱말이 안 실립니다. 이 책을 여기까지 읽은 말사랑벗들은 이제 어렴풋이 느끼리라 생각하는데, 남녘땅에서 낱말책에 안 실린 낱말은 글로 적바림할 때에 어떻게 해야 한다고 했는지 떠오르나요.

낱말책에 안 실린 낱말 '밥하기' 하고 '밥짓기' 는 남녘나라 말법에 따른다면 '밥 하기' 하고 '밥 짓기' 처럼 띄어서 적어야 맞습니다.

그러나 저는 이 두 가지 낱말을 띄어서 적지 않습니다. 이 나라에서 살아가는 수많은 여느 사람들 또한 두 가지 낱말을 띄지 않습니다. 그저, 책이나 신문 같은 데에서는 두 낱말을 으레 띄어 놓습니다.

'밥하다' 라는 낱말은 낱말책에 실립니다. 그래서 '낱말책에는 안 실린 낱말' 이기는 하지만 '밥하기' 는 살그머니 붙인 채 적바림해도 틀리지는 않습니다. 낱말 씨끝이 바뀐다고 여기면서 '밥하-+-기' 로 여기면 됩니다.

'일하다' 와 '놀다' 라는 낱말도 낱말책에 실립니다. 이리하여 '일하기' 랑 '놀기' 또한 넉넉히 붙여서 쓸 만합니다.

날마다 먹는 밥이요, 날마다 내 손으로든 어머니 손으로든 할머니 손으로든 아버지 손으로든 밥을 차려서 나란히 먹거나 혼자 먹거나 합니다. 그런데, 이렇게 날마다 누구나 먹는 밥이고, 날마다 누구나 밥상을 차리지만, 정작 '밥하기' 같은 낱말은 낱말책에 실리지 못합니다. '밥짓기' 하고

‘밥짓다’ 같은 낱말도 매한가지입니다.

낱말책에는 ‘요리料理’라는 낱말이 실립니다. 요리를 하는 사람은 ‘요리사’입니다. 한자말 ‘요리’ 뜻풀이를 찾아보면 “여러 조리 과정을 거쳐 음식을 만듦”으로 나옵니다. 다시금 ‘조리調理’라는 낱말을 찾아봅니다. 이 한자말은 “요리를 만듦”을 뜻한답니다.

다시금 무언가 어렴풋이 느낄 말사랑벗이 있으려나 궁금합니다. “요리를 만듦”이 ‘조리’라 한다면, 이 말풀이는 엉터리입니다. 왜냐하면 ‘요리’란 “음식을 만듦”이라고 풀이했기 때문입니다. 이런 말풀이를 살피면 “조리＝음식을 만듦을 만듦”이 되고 말아요. 거꾸로 ‘요리’ 말풀이도 엉망입니다. “여러 음식을 만드는 과정을 거쳐 음식을 만듦”이 ‘요리’가 되거든요.

한 번쯤 곰곰이 짚어 볼 일입니다. 우리네 낱말책은 낱말풀이가 이다지도 얄궂은데 왜 도무지 바로잡히지 않을까요. 우리들은 우리말을 담은 낱말책을 뒤적일 때에 이 같은 낱말풀이가 얄궂다고 느끼기는 하는가요. 내 삶을 알뜰살뜰 낱말책에 담아서 즐거이 나누는 길을 걸을 수 없는가요.

요리를 하는 사람은 요리사라면, 밥을 하는 사람은 ‘밥꾼’이나 ‘밥지기’입니다. 살림을 하는 사람이 살림꾼이듯, 밥짓기 하는 사람은 밥꾼이거나 ‘밥짓기꾼’입니다. 농사를 짓기에 농사꾼이라면, 농사를 짓는 일이란 ‘농사짓기’나 ‘농사하기’입니다. 사람들 누구나 밥을 먹으려면 농사를 지어야 하니까, 밥하기와 밥짓기라는 낱말만큼 대수로우면서 소담스럽다 할 낱말이 될 ‘농사짓기’하고 ‘농사하기’이지만 이 낱말도 낱말책에는 안 실립니다. 그래도 밥만 먹고 살 수 없다(?)고 여기기 때문인지, 고기를 잡는다는 '고기잡이'는 낱말책에 실려요. 옛말로 '농사農事'는 '여름지이'라 했고, 농사짓는 사람을 일컬어 '여름지기'라 했습니다. 어쩌면 토박이말로 '여름지이'와 '여름지기'와 '여름짓다'를 살릴 수 있을 테고, 이러한 낱말을 살린다면 아주 반갑습니다. 다만, 살리는 낱말은 살릴 낱말이고, 두루 쓰는 낱말은 두루 쓰기 좋도록 가꾸어야 아름답습니다.

우리 둘레 말삶을 더 돌아보면, '식수食水'나 '생수生水'란 낱말은 버젓이 쓰이면서 낱말책에 냉큼 실리지만, '마실물'이나 '먹는샘물' 같은 낱말은 여태껏 낱말책에 안 실립니다. '생수'는 일본말이기에 '먹는샘물'로 고쳐써야 한다고 정부에서 틀을 세운 지 한참 지났으나, 이러한 틀을 낱말책에 알뜰히 담지 못해요. 그나마, '먹을거리'는 낱말책에 실어 놓으나, '마실거리'는 낱말책에 없습니다. 고작 '음료수飮料水' 한마디만 실립니다.

여느 자리에서 여느 삶을 꾸리는 여느 사람이 일하고 놀며 복닥이면서 주고받는 말마디가 제대로 사랑받지 못합니다. 말글학자는 말글학자대로

사랑하지 않고, 여느 자리에서 살아가는 여느 사람인 우리들 또한 알맞고 착하게 사랑하지 않습니다.

손빨래

빨래는 예부터 손으로 했습니다. 기계로 빨래하던 사람은 아무도 없었습니다. 이 나라에 빨래기계가 들어온 지 몇 해쯤 되었으려나요. 기껏 스무 해 남짓 되었을까 싶고, 서른 해나 마흔 해 앞서만 해도 빨래란 으레 손빨래입니다. 오늘날에는 손으로 빨래하는 일이 거의 자취를 감추다 보니, 사람이 손으로 하는 빨래는 '빨래'가 아닌 '손빨래'가 됩니다. 발로 밟는 이불빨래를 가리켜 '발빨래'라 하지 않는데, 여느 빨래만큼은 '손빨래'가 되고 맙니다. 기계로 빨면서 '기계빨래'라 하지 않을 뿐더러, 빨래를 해 주는 기계는 '빨래기계'가 아닌 '세탁기洗濯機'이고, 빨래를 해 주는 곳은 '빨래집'이 아닌 '세탁소洗濯所'입니다.

아이키우기

모든 어버이는 아이를 낳아 기릅니다. 내 아이를 낳아 기르든 다른 살붙이나 이웃 아이를 보살피든 어버이 되는 사람은 아이를 맡아 기르며 돌봅니다. 아이를 키우니까 '아이키우기'요, 아이를 기른다면 '아이기르기'이며, 아이를 돌본다면 '아이돌보기'인데, 학문이나 보건이나 복지로 넘어서면 '육아育兒'가 됩니다.

구멍가게

조그마한 가게라서 구멍가게입니다. 요즈막에는 '나들가게'라는 이름을 붙여 마을 작은 살림터를 돕는다고 합니다. '나들가게'라는 낱말도 좋습니다. 마을에 있기에 '마을가게'라 할 만하고, '동네가게'라 해도 잘 어울립니다. '수퍼'나 '수퍼마켓'은 미국에서 찾을 노릇입니다.

저잣거리

크고작은 도시와 온 나라 시골마다 '마트mart'가 치고 들어왔습니다. 시골에서마저 농협은 '하나로'라는 고운 이름을 앞에 달기는 하나, 뒤꼭지에는 '마트'를 붙여 '하나로마트'입니다. 아직 시골 저자는 '장場마당'이라 하는데, 날마다 가게를 여는 장삿집이 모인 도시에서는 '저자'나 '저잣거리'라는 이름이 사라지고 '재래시장在來市場'이라는 이름만을 씁니다.

밥집

머리카락을 손질하거나 깎을 때에는 머리집이나 머리방에 갑니다. 책을 볼 때에는 책집이나 책가게나 책방에 갑니다. 차를 마시려고 찻집에 갑니다. 술을 자시는 어른은 술집에 가요. 밥을 밖에서 사다 먹을 때에는 '밥집'에 갑니다.

밤샘

지난날에는 공장 일꾼들한테 밤새도록 일을 시키며 들볶았습니다. 오늘날에는 밤새도록 일을 하지 않으면 먹고살기에 빠듯하거나 아이를 가르치기에 벅차다고 합니다. 이른바 '철야微夜'와 '야근夜勤'입니다. 더 많이 벌어 더 많이 쓰지 않고서는 버틸 수 없는 나날이 되고 맙니다. 일도 공부도 놀이도 온통 밤샘입니다. 밤일이요 밤공부요 밤놀이입니다.

풀약

나와 내 살붙이가 먹을 밥을 거두는 땅이라 한다면 그리 안 넓어도 되고, 애써 풀약을 칠 까닭이 없습니다. 자동차를 굴려야 하고, 아이들을 대학교까지 넣어야 하며, 온갖 물건을 사들여야 하니까 더 넓은 땅을 일구어 더 많은 곡식을 거두어야 하고, 이러는 동안 풀베기나 풀뽑기를 손으로 할 수 없어 풀약을 칩니다. 풀은 풀약을 먹으면서 죽고, 풀하고 이웃한 곡식은 풀약을 함께 먹고 자라면서 사람들 몸뚱이에 수은이며 납이며 카드뮴이며 차곡차곡 쌓입니다. 삶이 고단하면서 살림살이가 고단하고, 살림살이가 고단하다 보니 일거리가 고단하며, 일거리가 고단한 탓에 넋 또한 고단한 만큼, 나날이 나누는 말마저 고단하고야 맙니다.

ㅂ. 숲말

　도시에는 빌딩숲이 있습니다. 빌딩으로 숲을 이루어 빌딩숲입니다. 시골 멧자락은 나무숲이 있습니다. 들판이 있고 나무가 자라기에 시골이에요. 파랗디파란 하늘을 올려다보며 우거진 풀숲에 흐드러진 꽃누리가 펼쳐졌기에 시골입니다.

　도시는 사람들로 숲을 이루기도 합니다. 숱한 사람들이 온통 도시로 몰려들기에 도시는 사람숲입니다. 사람물결이요 사람바다이며 사람판입니다. 여기에, 어디를 가든 자동차가 가득하기에 자동차숲이라 할 만합니다. 이제 도시는 새로 솟는 아파트가 나무보다 키가 높은 만큼 아파트숲이기까지 합니다. 빌딩숲에 사람숲에 아파트숲에 자동차숲입니다. 더구나, 도시는 이쪽 길로든 저쪽 길로든 가게가 끊이지 않습니다. 옷가게이든 술가게이든 전화가게이든 가게들이 가득가득합니다. 도시는 가게숲까지 이룹니다.

　길바닥은 아스팔트이거나 시멘트인 도시에서는 흙으로 된 맨땅을 밟기 아주 어렵습니다. 맨땅은 아예 없다 할 만합니다. 그나마 초 · 중 · 고등학교 운동장은 흙땅에서 인조잔디땅으로 바뀝니다. 가까스로 흙을 밟을까 싶던 학교 운동장마저 싹 사라집니다.

　숲다운 숲이란 없는 도시이고, 숲에 깃드는 나무나 풀이나 꽃이 없는 도시입니다. 이런 도시에서는 숲과 얽힌 말, 이를테면 풀숲이나 나무숲이나 꽃숲 같은 말은 쓰기 어렵습니다. 아니, 이런 말을 할 일이란 없습니다. 도시에서 살아가며 맨드라미 진달래 찔레꽃을 이야기할 까닭이란 없습니다. 어쩌면, 이 나라 도시에서 할 말이란 돈과 얽힌 말, 이를테면 돈숲·돈바다·돈하늘·돈땅·돈사람·돈일 따위일는지 모릅니다. 도시에서 살아가는 지식인으로서는 볍씨나 풀씨나 꽃씨 같은 말을 쓸 일이 없습니다. 도시에서 일하는 기자로서는 풀베기나 나무베기나 벼베기 같은 말을 쓸 자리가 없습니다. 도시에서 가르치고 배우는 사람으로서는 종달새나 골짜기나 산들바람 같은 말을 쓸 데가 없습니다.

밥을 먹어야 살고 물을 마셔야 목숨을 잇는 사람입니다. 숲이 있어 나무가 자라고, 숲에서 온갖 짐승이 함께 어우러져야 사람 또한 살가운 숨결을 사랑할 만합니다. 작은 도시는 큰 도시가 되려 하고, 시골은 작은 도시로 거듭나려 하는 마당이지만, 밥을 아끼고 물을 사랑하며 목숨을 어깨동무하고 싶은 마음으로 숲말을 하나하나 되뇌어 봅니다.

숲길

도시에서 살아가는 사람은 싱그러우면서 푸른 숨을 쉬지 못하기 때문에 따로 숲길을 걸으려고 합니다. 숲이란 나무가 우거져 이루어진 곳입니다. 그런데, 숲길을 걷는 사람들은 숲길을 걸으면서 숲길이라고 느끼지 않습니다. '수목원樹木園'에서 '삼림욕森林浴'을 한다고 여깁니다.

산타기

숲에서 사는 사람은 숲길을 따로 걸을 까닭이 없고, 논밭에서 구슬땀 흘리는 사람은 논밭에서 싱그러우면서 푸른 숨을 받아먹습니다. 멧골에서

살아가는 사람은 멧자락 기운을 곱게 받아안아요. 따로 '등산登山'이라는
이름으로 '산타기'를 하지 않아도 즐겁습니다.

멧짐승

멧골에는 멧쥐가 멧굴을 파고, 멧토끼가 멧집에 살며, 멧새가 멧노래를
우짖습니다. 다 함께 멧짐승이고 멧삶입니다. 멧사람은 멧골집을 마련하
고 멧마을을 이룹니다.

콩팥

우리 식구는 생협(생활협동조합)에서 먹을거리를 즐겨 장만합니다. 그런데
이곳 생협에서도 '콩'과 '팥'이라는 낱말을 잘 안 써요. 으레 '대두大豆'
랑 '적두赤豆'라 합니다. 멸치를 말렸으면 마른멸치일 테지만 '건乾멸치'
라 쓰기까지 해요. 하기는, 여느 자리에서도 '말린포도' 아닌 '건포도'라
고만 하니까요.

멧나물

들에서 얻어 들나물이고, 멧골에서 얻어 멧나물입니다. 바다에서는 바
다나물이 되겠지요. 밭에서는 밭나물입니다. 그러나 오늘날 우리들은 일

본말 '야채野菜'에다가, 중국말 '채소菜蔬'만을 쓰는구나 싶습니다. 우리 말 '나물'과 '남새'와 '푸성귀'를 가눌 줄 모릅니다. 사람이 키우면 남새 이고, 절로 자랐으면 나물이요, 남새와 나물을 통틀어 푸성귀입니다.

누런쌀

모든 쌀은 맨 처음에는 '누런쌀'입니다. 씨눈까지 깎아내듯 하얗게 더 깎은 쌀이 되면 '흰쌀'입니다. 누르스름하기에 누런쌀이요, 하얗디하얗 기에 흰쌀이에요.

가을걷이

가을날 곡식을 거두기에 가을걷이라 일컫습니다. 가을에 잔치를 한다면 가을잔치가 될 테지요. 프로야구판에서 으레 '가을잔치'라는 말을 써요. 경기장에서 벌이는 배구나 농구나 핸드볼은 흔히 겨울잔치라 일컫습니다. 겨울날 따스한 실내에서 놀이마당을 마련하니까요. 가을날 가을볕을 받으 며 구슬땀을 흘리면 가을바람이 살랑살랑 씻어 주며 가을열매 넉넉히 나 눕니다.

고샅길

도시에서는 골목이고, 시골에서는 고샅입니다. 도시에서는 골목이 차츰 자취를 감추고, 시골에서는 고샅이 자꾸 스러집니다. 자동차가 너무 많이 는 탓이며, 아파트를 새로 올리려 하기 때문입니다.

가랑잎

팔랑팔랑 하늘하늘 토옥 툭 살살 한들한들 떨어지는 잎이란 가랑잎입니다. 대롱대롱 건들건들 달린 잎이란 나뭇잎입니다.

큰나무

숱한 싸움판을 겪은 우리나라에는 큰나무가 드뭅니다. 아름드리 나무를 좀처럼 만나기 힘듭니다. 시골이라 해서 아름드리 나무가 우거지지 않습니다. 도시에서는 더더욱 아름드리 나무가 살아남을 수 없습니다. 나무 한 그루를 심었다 하더라도 쉰 해나 백 해를 한 자리에서 튼튼히 서도록 하지 않는 우리들입니다. 사람들 삶터 또한 한 곳에서 쉰 해나 백 해 즈음 즐거이 뿌리내리도록 놓아 주지 않는 우리 사회입니다. 큰나무 없는 터에 큰사람이란 없고, 작은나무조차 흔들거리는 두려운 곳에 작은사람 또한 힘을 잃거나 기운을 빼앗깁니다.

오얏꽃

능금나무에는 능금꽃이, 대추나무에는 대추꽃이, 배나무에는 배꽃이 핍니다. 오얏나무에는 오얏꽃이 피겠지요. 이화여자대학교를 굳이 '배꽃대학교'로 이름 바꿀 까닭은 없습니다만, '배꽃' 처럼 어여쁜 이름을 사랑하지 못하는 모습은 슬픕니다. 우리는 '오얏꽃' 예쁜 봉우리 또한 잊거나 잃었습니다. 오얏은 사람 성씨 '이李'에만 남습니다.

물놀이

겨울날 얼음판에서 얼음을 지치며 얼음놀이를 합니다. 여름날 물가에서 물을 가르며 물놀이를 합니다. 들에서 들판을 박차며 들놀이를 합니다. 멧자락에서 멧길을 오르내리며 멧놀이를 합니다.

맹꽁이

맹 꽁 맹 꽁 운대서 맹꽁이입니다. 사람은 왜 사람이라는 이름이 붙었으려나요. 요새는 사람이라는 낱말은 뒤로 밀리고 '인간人間'이라는 낱말만 흔히 들립니다. 우리는 왜 사람이라 말하지 못하고 인간이라 말하려나요. 까매서 까마귀요 하얘서 해오라기인데, 짐승한테 붙이는 이름과 사람한테 붙이는 이름에는 어떠한 느낌과 빛깔과 마음과 삶과 사랑과 믿음을 담았으려나요.

함박꽃

함박꽃을 보면 말 그대로 함박꽃답구나 하고 느낍니다. 함박눈을 보면 그야말로 함박눈이네 하고 절로 입이 벌어집니다. 입이 함박만 해지며 웃음이 터져나옵니다.

ㅅ. 살림말

　말을 할 때에 가장 살펴야 할 대목은 무엇일까 생각해 봅니다. 글을 쓸 때에 손꼽아 헤아릴 대목은 무엇일까 곱씹어 봅니다.

　말을 하는 사람이나 글을 쓰는 사람이나, 말하기나 글쓰기에서 가장 눈여겨볼 대목을 옳게 눈여겨보지 못한다고 느껴요. 말하는 알맹이와 글쓰는 속살을 찬찬히 돌아보지 못한다고 느껴요.

　말사랑벗한테는 무엇이 가장 살필 대목인가요. 말사랑벗은 말을 하거나 글을 쓸 때에 어느 대목을 가장 헤아리는가요.

　생각하기 어렵다면 이렇게 해 보셔요. 말사랑벗은 하루하루 살아가면서 무엇이 가장 크거나 눈여겨볼 만한지 헤아려 보셔요. 내 삶에서 가장 아름답거나 사랑스럽거나 고마운 대목이 무엇인지 되뇌어 보셔요.

　내가 하는 말에서 가장 마음쓸 대목이란 내가 가장 사랑하는 삶인가 아닌가입니다. 내가 쓰는 글에서 가장 눈여겨볼 대목이란 내가 가장 아름다이 여기는 삶인가 아닌가예요.

　무엇을 말하려 하는지를 살피고, 무엇을 말해야 하는가를 살펴야 하는데, 바로 이 '무엇'이란 나 스스로 아끼며 사랑하는 삶입니다. 가장 빛나며 보배스러운 알맹이예요.

　할 말이 있어야 말을 하고 쓸 글이 있어야 글을 쓴다고 합니다. 왜냐하면 할 말이란 '내가 꾸리는 삶'이고, 쓸 글이란 '내가 돌보는 삶'이거든요. 나 스스로 내 몸을 움직여 내 땀을 바친 삶이 아니고서는 말할 만한 즐거움을 찾기 어려워요. 나부터 내 마음을 바쳐 나누는 이야기가 아니고서는 글로 담을 만한 재미를 느끼기 힘들어요.

물만 끓여 내놓는 컵라면 하나를 밥상에 올릴 때에도 얼마든지 숱한 이야기를 담을 수 있습니다. 컵라면 하나를 사 오는 마실길이라든지, 내 주머니에 돈이 없어 고작 컵라면 하나만 살 수 있었다는 이야기라든지, 아직 다른 밥을 할 솜씨가 없어 가까스로 컵라면 하나만 차렸다든지, 몸이 아파 다른 밥을 차리지 못하니 컵라면을 먹는다든지 하면서 온갖 이야기를 길어올립니다. 수많은 반찬을 차려 놓는 밥차림을 해야만 수많은 이야기가 나오지 않아요. 수많은 이야기가 나오더라도 뜬구름을 잡는 글이나 말이 될 수 있어요.

우리는 우리 삶을 사랑할 때에 우리 이야기를 길어올립니다. 우리 이야기가 얼마나 착하고 참다우며 고운가를 살펴야 즐거운 이야기를 얻습니다. 내가 좋아하면서, 나와 내 동무랑 이웃이 다 함께 좋아하는 착한 이야기인지 아닌지를 돌아보아야 합니다. 내 삶 사랑과 내 동무 사랑이 아리따이 깃든 참다운 이야기인가 아닌가를 짚어야 합니다. 곱게 일구는 삶으로 곱게 일구는 넋이며 곱게 즐기는 글입니다.

자전거꾼

일하는 사람은 일꾼입니다. 놀이하는 사람은 놀이꾼입니다. 사냥을 하니까 사냥꾼이고, 글을 쓰면 글꾼이에요. 글쟁이라고도 하는데, 이와 같은 꼴로 그림쟁이와 사진쟁이라고도 합니다. 영화쟁이나 연극쟁이라고도 해요. 자전거를 타니 자전거꾼이면서 자전거쟁이입니다. 자전거를 즐기기에

'자전거 즐김이'라 이름을 붙여 볼 만합니다.

노래잔치

돌에는 돌잔치를 합니다. 예순 살에는 예순잔치를 합니다. 마을에서는 마을잔치를 하고, 학교에 처음 들어갈 때에는 첫잔치예요. 학교를 마무리할 때에는 끝잔치나 마침잔치입니다. 태어난 날을 기려 생일잔치이고, 밥을 나누는 밥잔치입니다. 시를 즐기는 마당은 시잔치이고, 사진을 함께 나누기에 사진잔치이며, 그림을 즐기는 그림잔치에, 노래를 즐기는 노래잔치입니다.

세거리

예전 살던 인천 골목동네에 '삼거리정육점'이 있었어요. 가게는 고기집인데 밖에서 보면 고기집 아줌마가 갖은 꽃그릇을 예쁘게 벌여 놓아서 마치 꽃집처럼 보였어요. 이 고기집은 '세거리' 모퉁이에 있었기에 '삼거리정육점'이었어요.

무너미마을

인천에서 살다가 충주 멧골마을로 살림을 옮겨 한동안 지냈습니다. 이 멧골마을은 행정구역으로 광월리인데, '넓은벌'이랑 '고든박골'이랑 '무너미마을'이 있어요. 넓은벌이란 말 그대로 벌(들판)이 넓으니 붙는 이름이에요. 무너미마을이란 물이 넘는 마을이라 붙이는 이름이에요. 자, 그러면 고든박골은 어떠한 골(골짜기 또는 고을)이라서 고든박골이라 했을까요.

길그림

   길을 그리기에 길그림입니다. 땅을 그리면 땅그림이에요. 저는 손으로 그림 그리기를 즐깁니다. 그러니까 손그림입니다. 손으로 글을 쓸 때에는 손글이에요. 손을 써서 말을 나눈다면 손말입니다.

골목꽃

   골목에 난 길은 골목길입니다. 골목에 깃든 집은 골목집입니다. 골목에 피어 골목꽃이고, 골목에서 자라 골목나무입니다. 골목집에서 붙인 문패는 골목문패이고, 골목으로 동네를 이루어 골목동네이고, 골목동네에서 사는 사람은 골목사람이에요.

책방마실

   들로 놀러가는 들놀이입니다. 물가를 찾아가기에 물놀이입니다. 산을 찾아가면 산놀이나 멧놀이예요. 이웃집을 찾아가는 이웃마실입니다. 맛난 밥집을 찾아다니는 밥집마실이에요. 저처럼 책방을 좋아하는 사람들은 책방마실을 합니다.

시골버스

   사람들은 시외버스나 고속버스를 탑니다. 시외버스란 "시市 바깥外으로 나가는 버스"라서 붙은 이름이에요. 고속버스란 "빨리 달리는高速 버스"라서 붙이는 이름이에요. 시골에서 살아가는 저는 시골을 다니는 시골버스를 탑니다. 구비구비 작은 마을을 천천히 달리는 시골버스를 타며 생각합니다. 도시에서는 도시버스라 하지 않는데 시골에서만 시골버스라 하는구나 싶습니다. 빨리 달리면 빠른버스라 할 만한데, 이렇게 말하는 사람은 없습니다.

빠른전철

인천과 서울을 잇는 급행전철이 있고, 서울과 춘천을 달리는 급행전철이 있습니다. 전철은 언제나 '급행急行'입니다. 서울과 부산을 빨리 달리며 잇는 기차길을 놓고는 '고속철도'라 해요. 빨리 가기에 빠른길이고, 천천히 가면 느린길입니다. 때때로 도시로 마실을 나오며 빠른전철을 타는데, 빨리 달리는 이 전철을 타며 아끼는 겨를만큼 나는 내 삶을 얼마나 아름다이 돌보는가 곱씹어 봅니다.

나들목

나가고 들어오는 길목이기에 나들목이에요. 저는 퍽 예전에 '지하철 출입구'를 일컬어 '지하철 나들목'이라 말해 보았습니다. '출입구出入口'는 일본말인데, 이 일본말을 알맞게 고쳐쓰거나 가다듬으려고 마음을 기울이는 사람이 좀처럼 없다고 느껴서 '나들목'을 써 보았어요. 일본말 '출입구'는 "나가고 들어오는 구멍"을 가리키거든요. 우리말로 제대로 한다면 '나들목'이 아닌 '들나목'이라 해야 옳습니다. 우리 문화로는 들어오기가 먼저이고, 들어오면 나가기에 들나목이라는 얼거리로 말을 합니다. 그러나 '나들간'이라는 낱말이 있고 '나들이'를 생각하면서 '나들목'도 참 좋이 쓸 말이라고 생각합니다.

거님길

집에서는 텔레비전이나 라디오가 없어 바깥사람들이 주고받는 말마디를 따로 들을 일이 없습니다. 시골집에서 나와 도시로 마실을 나오면 어디에서고 수많은 이야기와 방송을 들어야 합니다. 버스마다 틀어 놓은 라디오에서는 교통방송 사회자가 '차도'와 '인도'를 말합니다. 귀가 따갑게 이런저런 낱말을 듣다가 퍼뜩 생각합니다. 차가 다니는 길이면 찻길이고, 사람이 다니면 사람길일 텐데. 사람이 걷는 길이면 사람길이면서 거님길일 텐데.

왼돌기

자가용이 없는 우리 식구는 가끔 택시를 탑니다. 택시를 타며 어딘가로 찾아갈 때에 택시 일꾼한테 "왼쪽으로 꺾어 주셔요."라든지 "요 앞에서 오른쪽으로 가 주셔요." 하고 말씀합니다. 이때에 웬만한 택시 일꾼은 못 알아듣습니다. 으레 다시 말해 달라 묻고, "좌회전이요?"나 "우회전이요?"

하고 되묻습니다. ‘왼쪽’과 ‘오른쪽’이라는 낱말은 어느새 죽은말처럼 되고, ‘왼돌기’나 ‘오른돌기’ 같은 낱말은 마치 외국말처럼 여깁니다.

믿음집

하늘 높이 뾰족뾰족 솟은 예배당 탑을 볼 때면 언제나 쓸쓸합니다. 땅하고 살가이 어우러지면서, ‘주차장’ 아닌 ‘텃밭’을 일구면서 작고 소담스레 돌보는 믿음나눔집을 꾸릴 수 없는가 싶어 쓸쓸합니다. 사랑을 나누는 사랑집이 그립습니다. 믿음을 펼치는 믿음집을 꿈꿉니다.

버스길

나라와 지자체에서는 대단히 큰 돈을 들여 ‘버스전용차로’와 ‘자전거전용도로’를 닦습니다. 모든 길에는 사람과 들짐승과 자전거와 자동차가 함께 달릴 만하고, 서로 어울릴 만합니다. 더 힘센 사람이 더 여린 사람을 돌보듯, 더 빨리 달리는 탈거리가 더 느리게 오가는 탈거리나 사람이나 짐승을 보살피면서 사랑스레 어울릴 만합니다. 그렇지만 큰도시는 자동차가 너무 많아 따로 버스만 다닐 길, 곧 버스길이 없이는 자가용 없는 사람들은 아주 벅찹니다. 큰도시는 자전거만 다닐 자전거길을 마련하지 않고서는 자전거를 타는 사람들이 차에 받칠까 걱정해야만 합니다.

ㅇ. 넋말

저는 학교를 열두 해 다니는 동안, 학교에서 '넋'이나 '얼'이라는 낱말을 거의 못 들었습니다. 제가 학교를 다니던 때에는 어른들이 한문이나 한자말을 즐겨쓰곤 해서 '혼魂'이나 '백魄'이나 '영혼靈魂'이나 '기백氣魄'이라는 낱말만 으레 들었습니다. '마음'이라는 낱말보다는 '정신精神'이라는 낱말을 자주 들었습니다. 요사이에도 한문이나 한자말 즐겨쓰는 교장·교감 선생님이 많겠지요. 그러나, 이제는 이런저런 한문이나 한자말보다는 '마인드mind'나 '스피릿spirit' 같은 영어를 즐겨쓰는 분이 훨씬 많으리라 생각합니다.

우리는 한국사람입니다. 한국에서 살아가니 한국사람이에요. 그러나 '한국사람'처럼 적지 못합니다. 국어사전 띄어쓰기로는 토박이말 '-사람'은 뒷가지 구실을 못한다고 되었기에, '한국 사람'이라 적고, 한자말 '-人'을 붙여야 비로소 '한국인'이라 할 수 있답니다. 더구나, '불란서인'은 붙이고 '프랑스 인'은 띄도록 하는 띄어쓰기예요.

말사랑벗도 생각할 말이고, 저도 생각할 말이며, 우리 집 아이랑 옆지기도 생각할 말입니다. 우리는 다 함께 살아가며 서로서로 즐거우면서 흐뭇할 나날을 생각하여 말을 합니다. 운전면허증이나 자격증을 따듯이 '한글자격증'을 따거나 '한글능력시험'을 볼 수 없어요. '한글자격증'이나 '우리말자격증'을 따든, 또는 '한글능력시험'이나 '우리말능력시험'을 치러서 점수가 높아야 한글이나 우리말을 잘 쓴다 할 만하려나요. 방송에 나와 '우리말 달인'이 되어야 우리말을 슬기로우면서 아름다이 쓸 만하려나요.

몇몇 사람만 빼어나게 잘할 수 있거나, 몇몇 사람만 빼어나게 잘하면 되는 말이 아닙니다. 몇몇 사람만 손꼽히도록 잘하는 말이란 우리가 다 함께 쓸 만한 말이 못 됩니다. 모든 사람이 즐거이 나눌 수 있어야 비로소 말입니다. 누구라도 내 마음과 꿈과 생각을 알뜰살뜰 담을 때라야 바야흐로 말이에요. 글이란, 이러한 말을 담는 그릇입니다.

몇 해 앞서인가, 어느 진보 신문을 펼쳐 '대입시험 교육'을 다루는 자리를 넘기다가 '초등학생 때부터 영어로 일기를 써야 영어로 생각하고 말하는 솜씨를 키울 수 있다'는 글을 읽었습니다. 참으로 마땅한 소리이지만, 이 마땅한 소리를 적바림하는 신문이 참으로 무섭다고 느꼈어요. 영어로 일기를 쓰자니 저절로 영어로 생각할 테며, 마음속으로나 입으로나 영어를 읊을밖에 없습니다. 책을 읽는 사람은 누구나 내가 손에 쥔 책에 적힌 글을 마음속으로나 입으로나 읽어요. 이 책이 한글로 적혔으면 한글로 읽는데, 한글로 적혔으나 창작이나 번역 글투가 엉성궂다면 엉성궂은 글을 읽으며 이 글월, 그러니까 엉성궂은 글월에 내 머리나 입이나 눈이 익숙해집니다.

마음속으로 엉성궂은 글월을 자주 읽었다면, 나도 모르게 엉성궂은 글월이 튀어나옵니다. 마음속으로 영어를 생각해서 일기를 꾸준히 쓴다면, 언제 어디에서라도 자연스러운 영어가 튀어나옵니다.

이와 마찬가지입니다. 책을 생각하며 책일기를 쓰면 책을 깊고 넓게 헤아리는 마음밭을 기릅니다. 노래를 헤아리며 노래일기를 쓰면 노래를 깊고 넓게 살피는 마음자리를 가꾸어요. 아이를 키우는 어버이가 아이키움 일기를 쓰면 아이 삶을 한결 깊고 넓게 돌아보는 마음바탕을 일굽니다. 곧, 말사랑벗님이나 저나, 참답고 착하며 고운 말을 마음속으로 되뇌며 살아간다면 언제나 참답고 착하며 고운 말이 스며들어 샘솟습니다. 착하게 생각하지 않으면 착하다 싶은 말이 튀어나오지 않아요. 곱게 헤아리지 않는데 곱다 싶은 말이 튀어나올 수 없습니다.

우리들은 말다운 말을 해야 합니다. 어른인 저부터 푸름이인 말사랑벗님까지 말다운 말을 해야 해요. 말다운 말을 하자면 생각다운 생각을 하면서 삶다운 삶을 꾸려야 합니다. 삶은 엉망이면서 생각은 똑바르지 못해요. 삶이 어수선한데 생각이 가지런할 수 없어요. 삶을 알차게 돌보면서 생각을 알차게 돌보고, 생각을 알차게 돌보기에 말 또한 알차게 돌봅니다. 삶을 사랑스레 가꿀 때에 넋이나 얼을 사랑스레 가꾸고, 넋이나 얼을 사랑스레 가꾸는 동안 말과 글 또한 사랑스레 나눕니다.

어린이를 가리켜 꿈나무라 합니다. 말사랑벗인 푸름이를 바라보는 저는 말사랑벗을 생각나무라 가리킵니다. 꿈나무가 커서 생각나무가 된다면, 생각나무가 커서 어떠한 나무가 되려나요. 말사랑벗은 앞으로 어떠한 어른나무가 되고 싶은가요. 어린나무는 푸른나무를 거쳐 어른나무가 될 텐데, 차츰 어른나무로 자라나서 숲을 이룰 말사랑벗은 둘레에 어떤 보금자리와 터전과 마을을 일구고 싶나요. 무엇을 사랑하고 무엇을 아끼며 무엇이랑 어깨동무하면서 살아가고 싶을까요.

생각나무

생각은 나무와 같습니다. 삶 또한 나무와 같아요. 말도 나무와 같습니다. 책이든 노래이든 영화이든 꿈이든 공부이든 밥이든 글이든 이야기이든 나무하고 같아요. 삶나무, 말나무, 책나무, 노래나무, 영화나무, 꿈나무, 공부나무, 밥나무, 글나무, 이야기나무입니다.

마음닦이

마음을 닦아 마음닦이입니다. 마음을 돌봐 마음돌봄입니다. 마음을 가꿔 마음가꿈입니다. 마음을 빛내기에 마음빛냄입니다. 내 삶과 내 말과 내 마음을 나란히 살린다면 마음살림입니다.

마음밭

마음밭에는 콩씨를 심을 수 있고 팥씨를 심을 수 있어요. 볍씨를 심든 보리씨를 심든 할 수 있습니다. 사랑씨를 심는다든지 믿음씨를 심을 수 있습니다. 책씨나 노래씨나 춤씨나 다 좋아요. 아름다이 여길 만하며, 온삶을 바칠 만한 씨앗 하나 보듬어 주셔요.

겨레얼

‘민족정신民族精神’이 아닙니다. 겨레얼이에요. 우리는 한겨레입니다. 한겨레는 ‘한겨레얼’입니다. 어느 때에는 한겨레넋이고 어느 때에는 한겨레삶이며 어느 자리에서는 한겨레꿈입니다.

속셈

속으로 셈을 하기에 속셈입니다. 셈을 하는 속이라서 셈속입니다. 꿈 같은 셈이라 꿈셈이고, 빛나는 셈이라서 빛셈입니다. 말을 셈하니 말셈입니다. 삶을 셈할 때에는 삶셈이고, 일을 셈하니 일셈이군요. 놀이하는 놀이셈, 노래하는 노래셈, 사랑하는 사랑셈, 아름다운 아름셈, 꽃다운 꽃셈입니다.

열린가슴

‘오픈 마인드open mind’가 아니어도 좋아요. 즐거울 때에는 ‘열린가슴’이고, 성날 때에는 ‘열린뚜껑’입니다.

겉치레

말치레를 하거나 글치레를 하거나 옷치레를 하는 사람이 매우 많습니다. 오늘 우리들 살아가는 터전은 거의 돈치레이거나 아파트치레이거나 자가용치레입니다. 몸치레가 나쁜 일이 아니고 삶치레는 알맞게 할 만합니다. 그렇지만 사랑치레나 믿음치레처럼 따사로우며 넉넉히 얼싸안는 치레가 아닌 겉치레가 너무 판칩니다. 속치레를 하고 마음치레를 하면서 넋치레와 얼치레를 하는 말사랑벗 푸른치레가 그립습니다.

ㅈ. 겨레말

　새로 태어난 아이한테 이름을 지어 줄 때, 몇 해 앞서부터는 아버지 성씨만이 아니라 어머니 성씨를 붙일 수 있도록 법이 바뀌었습니다. 첫째는 아버지 성씨를 붙일 수 있고, 둘째는 어머니 성씨를 붙일 수 있어요. 그렇지만 새로운 성씨를 만들어 쓰지는 못합니다. 아버지나 어머니 성씨 가운데 하나만을 쓰도록 법으로 못박아요. 가만히 따지면, 어머니 성씨라 하더라도 '어머니를 낳은 아버지 성씨'이니, 이러거나 저러거나 늘 '아버지 성씨'만 쓸 수 있는 셈입니다. 아버지와 어머니 성씨를 함께 쓰는 분들이 있습니다만, 밑바탕을 따지면 '아버지(남자) 성씨 두 가지'를 함께 쓰는 모습이에요.

　아버지한테든 어머니한테든 우리들은 이름이나 돈이나 지식이나 이름값이나 권력 따위를 물려받지 않습니다. 어버이한테서 물려받으려 한다면 따스한 사랑과 너른 믿음과 아름다운 넋과 즐거운 삶이어야 한다고 느낍니다. 말사랑벗들이 돌아볼 때에는 어떠할까 모르겠는데, 제가 보기에 이 나라에서는 아름다운 넋을 물려주는 어버이는 몹시 드물고, 힘들여 버는 돈이나 집 같은 재산만 물려주면 된다고 여기지 싶습니다.

　돈이 나쁘다 할 수는 없으나, 돈만 살핀다면 나쁩니다. 돈이 있어야 먹고산다지만 돈으로만 먹고살지는 않아요. 큰 도시에서는 텃밭이든 무논이든 일굴 땅이 없으니 모조리 사다 먹어야 하지만, 우리 식구 밥상에 올릴 푸성귀라면 조그마한 꽃그릇에 심어 알뜰살뜰 길러 먹을 수 있습니다. 도시에서도 집안 한쪽에 거름통을 마련해 내 똥오줌을 거름으로 삭혀 쓸 수 있어요. 도시사람 스스로 애쓰거나 마음쓰지 않아서 그렇지, 골목동네 할매랑 할배 들은 조그마한 텃밭을 아기자기하게 일구곤 합니다. 흙을 사랑하는 넋이 바로 우리 겨레 넋이고, 손수 땀흘리는 몸가짐이 우리 겨레 몸가짐입니다.

우리 집 첫째 딸아이 이름은 '사름벼리' 넉 자입니다. 법으로는 새 성씨를 지을 수 없지만, 우리 살붙이끼리는 딸아이 성씨를 '사름'으로 삼고 이름을 '벼리'로 삼습니다. 둘째 아들아이 이름은 '산들보라' 넉 자입니다. 둘째는 '산들'이 성이요 '보라'가 이름이에요. 요즈음 거의 모든 한국사람 이름이 '한 글자 성씨'에 '두 글자 이름'이니, 우리 아이는 이름만으로도 꽤나 남달라 보이고 맙니다. 건강보험증에는 네 글자까지만 찍히는 터라 '최 사름벼'나 '최 산들보'까지만 찍히고 이름 한 글자가 잘려요. 이름을 길게 지어 붙인 사람은 아예 생각조차 않는다 할까요.

이름을 두 글자, 때로는 한 글자로 짓는 틀은 지난날 '한문으로 살며 한자로 이름을 지어 붙이던 양반 삶자락'에서 비롯합니다. 농사짓는 여느 사람들은 이름을 한자로 지을 일이 없습니다. 농사짓는 여느 사람들은 한문으로 살지 않을 뿐더러, 한문을 배울 까닭이 없기도 하지만, 농사짓는 여느 사람한테 한문을 가르치지도 않았어요. 한문이란 양반 권력과 계급을 누리는 사람만 배울 수 있었고, 한자를 따져 짓는 이름 또한 양반만 붙이는 이름이었습니다.

말사랑벗이 학교에서 역사 공부를 하며 배울 텐데, 조선 나라가 막바지에 이를 때 양반 계급이 크게 흔들리거나 무너지면서 '돈으로 양반 신분

을 사는’ 일이 흔히 생겼고, 이무렵부터 한자 성씨를 쓰거나 한자 이름을
쓰는 사람이 부쩍 늘었어요. 족보 없이 얼마든지 넉넉하거나 아름다이 살
아오던 이들이 하루아침에 우지끈 뚝딱 하면서 족보를 만들었어요. 한문
으로 권력을 누리던 사람들 등쌀에 너무 고달팠고 참으로 힘들었기 때문
이겠지요.

아마 고등학교부터 ‘고전문학’ 이라는 이름으로 먼 옛날 한겨레가 누리
거나 즐겼다는 문학을 배우는 줄 압니다. 고전문학을 가만히 살피면, ‘고
전문학을 일군 사람’ 은 모조리 양반이나 사대부 계급입니다. 농사짓거나
고기잡는 여느 사람들이 일군 문학은 고전문학으로 배우지 않아요. 왜냐
하면 농사짓거나 고기잡던 여느 사람들은 ‘글을 배울 수 없’ 었고 ‘배운
글이 없으니 종이에 글을 쓸 수 없’ 었어요.

농사짓거나 고기잡거나, 여기에 장사하던 사람들은 입으로 문학을 했습
니다. ‘입 문학’ 이라 할 텐데, 한자로 붙이는 이름으로 ‘구비문학’ 입니
다. 달리 보자면, ‘입’ 으로는 ‘이야기’ 를 나누니까 ‘이야기문학’ 이라 할
수 있어요. 일을 한다든지 쉬엄쉬엄 쉰다든지 아이들이 마을에서 어울려
논다든지 하면서 입으로 흥얼흥얼 노래를 부릅니다. 하루 일을 마치고 잠

자리에 들 무렵 할아버지나 할머니가 당신 딸아들인 어른하고 당신 딸아들이 낳아 기르는 아이들을 둘레에 앉히든 함께 짚신을 삼든 집일을 마무리짓든 하면서 이야기를 들려줍니다. 이른바 '옛이야기'나 '옛날이야기'입니다. 심청전이나 흥부전 같은 판소리 이름은 들어 보았을 텐데, 이들 판소리란 여느 농사짓고 고기잡으며 장사하던 사람들이 입에서 입으로 물려주면서 나누던 옛이야기를 '판소리를 하던 사람들이 그러모으거나 갈무리한' 문학입니다.

'한문이라는 글을 배우지 못했고 배우지 못하도록 가로막혔던' 여느 사람들이 펼친 문학은 책으로 적바림되지 않았습니다. 여느 사람들이 즐기는 노래 또한 책에 적바림되지 않았어요. 일제강점기에 일본 인류학자나 문화학자가 비로소 책으로 받아적다가 뒤늦게 한국 인류학자나 문화학자에다가 국어학자가 책으로 받아적습니다. 이제는 골골샅샅 뒤져 보아도 입에서 입으로 문학과 문화를 물려주던 어르신을 만날 수 없습니다. 이름을 남기지 않았고 이름을 남길 까닭 없이 살던 한겨레 놀이삶과 일삶이란 송두리째 사라졌어요. 이러면서 이러한 자리에 텔레비전 연속극이 스며들고, 저나 말사랑벗 누구나 쓰는 '한자 성씨'하고 '한자 이름'이 남습니다.

'우리말 착하게 가꾸기'라는 이름을 걸고 '살려쓰면 좋을 우리말'을 이야기했는데, 착하게 가꿀 우리말이란 '글을 배울 수 없으나 글이란 없어도 즐겁게 살아오던 여느 농사짓고 고기잡으며 장사하던 사람들'이 즐겁게 나누던 말이라고 생각합니다. 제가 생각하는 토박이말이란 농사꾼 말이랑 고기잡이 말이랑 장사꾼 말이에요. 한문을 배워 이름을 떨친 양반이나 사대부나 임금님이나 권력자들 말이 아닙니다. 이들 양반과 권력자들 말이란 한문이고 한자말입니다. 우리 겨레는 신분과 계급이 또렷하게 갈린 채 오래도록 살았는데, 신분과 계급이 있다는 사람은 5%가 채 안 되었고, 신분과 계급이 없다는 사람이 95%가 넘었어요. 글 없고 신분 없으며 계급 없으나, 흙을 사랑하고 논밭을 아끼며 바다와 냇물과 멧구비를 돌본 여느 사람들이 주고받은 말마디가 곧 겨레말이라고 느껴요.

겨레말은 '돕다'나 '거들다'입니다. '협동協同'이나 '협조協助'는 겨레말이 될 수 없다고 여깁니다. '상부상조相扶相助' 또한 겨레말이 될 수 없다고 생각해요. 겨레말은 '두레'나 '울력'입니다. '서로 돕기'와 '어깨동무'가 겨레말입니다.

겨레말은 '말'입니다. '언어言語'는 도무지 겨레말이 될 수 없습니다. 겨레말은 '쓰다'입니다. '사용使用'이나 '이용利用'은 참말 겨레말이 될 수 없구나 싶습니다. 겨레말은 '물고기'이지 '생선生鮮'이 아닙니다. 겨레말은 '해오라기'입니다. "하얀 새"를 일컫는 '해오라기' 옛말은 '하야로비'인데, 이를 한자말로 담아 '백조白鳥'라 해서는 겨레말이 될 수 없습니다. 겨레말은 '밥'이지 '식사食事'가 아니에요. "진지 자셔요"가 겨레말입니다. "살펴 가셔요"가 겨레말이요 "잘 계셔요"가 겨레말입니다. '안녕安寧'이나 '바이바이byebye'를 사람들이 아주 흔히 자주 쓴달지라도 겨레말이 될 수 없어요. 말버릇으로 굳었으면 말버릇이지 겨레말이 아닙니다. 다들 쓰는 말이면 다들 쓰는 말일 뿐 겨레말은 아닙니다. 편가르기나 금긋기가 아닙니다. 서로를 옳게 살피고 서로서로 쓰는 말을 제대로 깨달으면서 서로 다른 삶인 줄을 곱게 받아들여 좋은 목숨붙이로 함께 살아야 할 뿐입니다. 겨레말은 겨레말대로 옳게 새기고, 바깥말은 바깥말대로 제대로 알며, 우리말은 우리말대로 슬기롭게 가다듬을 노릇입니다. 영어는 영어대로 참답게 살피어 쓰고, 일본말이나 중국말은 일본말 결과 중국말 무늬를 헤아리면서 알맞게 쓸 노릇이에요. 왜냐하면 우리는 한국땅에서 한국사람으로 살아가며 한국말로 한국넋을 나누는 겨레이니까요.

눈물

"눈에서 나오니 눈물인가 누운물(눈·물)인가"라는 말이 있습니다. 이제 말사랑벗은 긴소리와 짧은소리를 따로 안 배울 텐데, 제가 중·고등학교를 다닐 무렵 학교에서는 막 '긴소리랑 짧은소리 안 가르치기'를 했습니다. 입으로 읊는 말과 들짐승 말은 소리값이 달라요. 사람 몸에 붙은 눈이랑 하늘에서 내리는 눈 또한 소리값이 다르고요.

아마 저를 낳은 어버이가 한창 젊은 나이일 1960년대 무렵부터가 아닌가 싶은데, 해방 뒤부터 이무렵까지 '우리말에 있던 높낮이'가 사그라들었습니다. 제 또래가 국민학교를 다니고(1980년대) 중·고등학교를 마칠 (1990년대) 무렵에는 길고 짧은 소리값이 사그라들고요. 우리말에는 소리와 모양이 같은 낱말이 제법 있습니다만, 이 낱말은 모두 높낮이와 소리값으로 나누었어요. 영어나 서양말을 배울 때에는 이들 높낮이와 소리값을 꼼꼼히 가르지요? '억양'이나 '악센트'나 '장단음'이라고들 하면서. 아주 마땅히 우리말에도 이들 높낮이와 소리값이 있습니다만 이 말결은 아주 사라지고 된소리만 남습니다.

국어학자나 국어교사가 오늘 우리 겨레말에서 짚거나 살피는 대목이란 "'자장면'이 옳으냐 '짜장면'이 옳으냐"라든지 "'장마비'가 맞느냐 '장맛비’가 맞느냐”에 그칩니다. 눈물나는 말삶이요, 눈물겨운 겨레말이며, 눈물로 얼룩진 사람들입니다(이 가운데 ‘짜장면’은 2011년 8월 31일부터 ‘정식 표준말’로 받아들여졌습니다).

질그릇

진흙으로 구운 그릇이 질그릇입니다. 나날이 그릇으로 구울 진흙은 줄어들고, 진흙으로 애써 굽기보다 석유에서 뽑아낸 플라스틱으로 값싸게 찍어내는 플라스틱 그릇이 넘칠 뿐입니다. 깨지면 흙으로 돌아가고, 오래오래 살뜰히 건사하며 쓰던 질그릇입니다. 가볍게 쓰다 버리고, 버리면 쓰레기가 되는 플라스틱입니다. 플라스틱과 석유 문명은 삶뿐 아니라 말까지 플라스틱 냄새가 나게 바꿉니다.

고운손

이제는 제법 많다 싶을 만큼 온갖 문방구가 나옵니다. 온갖 회사에서 온갖 이름을 달고 공책이나 연필이나 지우개 들을 만들어요. 예전에는 ‘바른손’하고 ‘모닝글로리’ 두 회사가 첫째와 둘째를 겨루곤 했습니다. 오른손을 일컫는 다른 이름이 ‘바른손’이기도 하지만, 참다우거나 아름다운 결이 바른손이기도 합니다. ‘모닝글로리’란 ‘나팔꽃’을 가리키는 영어 이름입니다. 영어를 쓰는 사람들한테는 ‘모닝글로리’가 아주 어여쁜 이름이겠지요. 영어를 쓰는 나라에서는 외려 ‘나팔꽃’이라는 한국 꽃이름을 예쁘게 여겨 공책 이름으로 쓰는지 모릅니다. 그런데 아직까지 한겨레 회사이름이든 공책이름이든 무슨 이름으로도 찔레꽃이니 진달래꽃이니

감자꽃이니 원추리꽃이니 봉숭아꽃이니 나리꽃이니를 붙이는 모습을 보기 어렵습니다.

바른손이 있기에 고운손도 있고 예쁜손이나 멋진손이나 착한손이나 살진손이나 믿는손이나 좋은손이나 빠른손이나 따순손이나 하얀손이나 푸른손이나 기쁜손도 있을 법하나, 싱그러우면서 살뜰히 가지뻗기를 하지는 못합니다.

흙

흙은 흙빛입니다. 나무는 나무빛입니다. 잎은 잎빛입니다. 가을에는 가을빛이고 겨울에는 겨울빛이에요. 사람은 사람빛이 나고 고양이는 고양이빛을 뿜습니다. 시골은 시골빛일 테고 도시는 도시빛이겠지요. 얼굴에 핏기가 돌지 않을 때에는 '파리한' 얼굴입니다. '창백蒼白'한 얼굴이나 '사색死色'이 된 얼굴이 아니에요. 핏기가 없이 '죽은 듯한' '허연' 얼굴은 '흙빛'이라고 일컫습니다. 땡볕을 받으며 구슬땀 흘리는 사람은 얼굴이며 살결이며 구리빛이 됩니다. 구리빛이란 흙빛이기도 합니다. 흙에서 흙처럼 일하며 흙빛이 되는 사람들입니다. 한국사람이든 미국사람이든 필리핀사람이든, 흙에서 일하는 사람은 한결같이 흙빛 살결입니다.

두레

이제 이 나라에도 곳곳에 '생활협동조합'이나 '협동조합'이 차츰 태어납니다. 나라에서 펼쳐 주는 복지나 문화를 바라는 손길이 아니라, 조그마한 내 손길을 하나둘 그러모아 서로 돕는 협동조합協同組合이에요.

협동조합은 이탈리아가 아주 훌륭하다고 합니다. 한국 생협은 일본 생협에서 많이 배웠습니다. 우리로서는 끔찍하게 아픈 역사가 있는 터라 우리 스스로 예부터 익히 이어오던 삶을 송두리째 빼앗겼으니 일본한테서도 배우고 이탈리아한테서도 배워야 하겠지요. 밑뿌리를 내 삶에서 찾으려 한다면, 우리 땅 두레와 울력을 깨달을 테고, 우리 땅 우리 옛사람 슬기와 얼을 받아들인다면, 앞으로는 '두레모임'이나 '울력바탕'도 태어나리라 생각합니다. "두레를 하는 모임이나 모둠"을 한자말로 옮겨적을 때에 '협동조합'이 됩니다.

짱, 레알, 즐과 같은 언어를 써도 되나요?

어떠한 말이든 쓰지 말라는 법은 없습니다. 낮춤말이나 막말이
라 하더라도 쓰고픈 사람은 써야 합니다. 그러나, 낮춤말이나 막말이나
남을 깎아내리는 말이나 얄궂게 줄여서 쓰는 말이나 서툴게 받아들여 엉성하
게 쓰는 말이란, 이 말을 듣는 사람에 앞서 이 말을 쓰는 사람 마음을 어지럽
힙니다. 남들이 쓰니까 나도 따라서 쓰는 말이 아니라, 나 스스로 사랑할 만
하다고 여기는 말을 쓰면 좋겠어요. 남들이 이런 말을 하든 저런 말을 하든,
나부터 두루 아끼며 기뻐할 만한 말을 슬기롭게 찾아서 쓰면 좋겠습니다.

인터넷에서 '뭥미'처럼 쓰는 말도
나중에 표준말이 되나요?

'뭥미'이기 때문에 표준말이 되지 말란 법이 없어요. 어떠
한 말이든 우리가 두루 쓸 만하거나 우리가 알뜰히 쓸 만하
다면 언제라도 표준말이 됩니다. 다만, 인터넷에서 장난스레 쓰는 낱말이 표
준말이 되는 일은 아주 드물어요.
딱 하나, '꿀꿀하다'는 표준말이 되었습니다. '꿀꿀하다'는 인터넷에 앞서 컴
퓨터통신이라는 매체가 쓰이던 무렵에 태어난 낱말이에요. 1990년대 첫무렵
부터 젊은이와 푸름이 사이에서 널리 쓰인 '꿀꿀하다'를 놓고 수많은 어른들
은 몹시 못마땅해했습니다. 그렇지만, 이 낱말은 이제 표준말이 되었습니다. 억
지스레 새로 만들어 본다 해서 널리 쓰이는 말이 될 수는 없고, 사람들 마음을
살며시 건드리면서 예쁘게 움직일 수 있으면 얼마든지 새말이 태어납니다.

‘ㅋㅋㅋ’ 같은 말을 어른들은 ‘경박하다’ 며 안 좋아하는데
우리끼리는 괜찮은가요?

가벼이 보든 무거이 보든 대수롭지 않습니다. 서로서로 쓰고픈
말을 써야 좋습니다. 괜히 다른 사람 눈치를 보며 쓰면 좋은 말이
될 수 없어요. 다만, ‘ㅋㅋㅋ’를 쓰든 ‘ㅎㅎㅎ’를 쓰든 내 마음을 따뜻하게
담아서 쓸 수 있어야 합니다. 어느 말을 쓰니까 나쁘다는 잣대는 없습니다.
옳고 바른 마음을 착하며 곱게 담아서 쓸 수 있는 말인가 아닌가를 곰곰이
살펴야 합니다.

토박이말은 한자말보다 말 만들기가 참말 어렵나요?

한국사람이 한국말 만들기는 어렵지 않습니다. 어릴 적부
터 나 스스로 내 쓸모에 걸맞게 내 말을 써 버릇해야 내 한국
말을 내 슬기로 아름다이 빛냅니다. 책을 읽으면 ‘책읽기’이고, 책을 쓰는 사
람은 ‘책쓰기’를 하고, 책을 만드는 사람은 ‘책만들기’나 ‘책엮기’를 합니
다. 책을 파는 사람은 ‘책팔이’를 하는 셈일 테지요. 책을 만드는 사람을 일
컫는 이름은 ‘책꾼’이 될 테고, 책을 좋아하는 사람은 ‘책쟁이’가 됩니다.
늦게 낳은 아이를 ‘늦둥이’라 하듯 늘 제때에 못 맞추는 사람을 가리켜 ‘늦
기쟁이’라 할 수 있습니다. 새로운 말이기에 ‘새말’이며, 오랜 옛날부터 써
온 말이라 ‘옛말’이요, 새말을 빚는 일은 ‘말짓기’ 또는 ‘새말짓기’입니다.
까다로운 사람이라면 ‘까다롬쟁이’처럼 일컬을 수 있어요.

묻다
여쭈다

라. 우리말 바르게 손보기

"우리말 바르게 손보기"는 말꼬리잡기가 아닙니다. 어떤 사람이 '얄궂게 말을 하거나 글을 쓴다' 해서 "당신은 뭔데 말을 요로코롬 하우?" 하고 따지자는 말꼬리잡기가 아니에요. 우리말을 바르게 손보면서 내 삶을 바르게 추스르자는 "우리말 바르게 손보기"입니다. 우리말을 바르게 손보면서 내 마음밭을 알차게 일구겠다는 "우리말 바르게 손보기"예요.

ㄱ. 잘못 쓰는 말을 왜 돌아보는가

잘 쓰는 말이 되려면 내 마음이나 뜻을 잘 나타내는 말이 되어야 합니다. 잘못 쓰는 말이라 한다면 내 마음이나 뜻을 제대로 나타내지 못한 말입니다. 말을 하거나 글을 쓰는 나 혼자만 잘 안다 해서 잘 쓴 말이나 글이 되지 않습니다. 내 말을 듣는 사람이나 내 글을 읽는 사람이 함께 잘 알아듣도록 말을 하거나 글을 써야 잘 쓴 말이나 글입니다.

어린 동생한테 말을 건다고 생각해 보셔요. 말사랑벗이 좋아하는 영화나 노래나 취미 이야기를 할머니한테 들려준다고 헤아려 보셔요. 말사랑벗은 좋아할는지 모르나, 말사랑벗한테서 이야기를 듣는 사람한테는 낯설거나 영 모를 이야기를 '어떠한 말'로 들려주는지를 곱씹어 보셔요.

학교에서 말사랑벗을 가르치는 분들은 어떤 말투와 낱말로 교과서를 가르치는지 짚어 보셔요. 집에서 어버이가 쓰는 말은 어떠한지 되뇌어 보셔요. 동무들끼리 주고받는 말이랑, 동네에서 흔히 듣는 말이랑, 신문이나 책이나 교과서에 적힌 글이랑, 가만히 견주어 보셔요.

모든 말과 글은, 첫째, 잘 알아들을 수 있게끔 써야 합니다. 잘 알아듣기 힘들게 썼다면 옳지 못한 말이나 글이라 할 수 있습니다.

모든 말과 글은, 둘째, 옳고 바르게 써야 합니다. 말법을 옳게 맞추고 말투를 바르게 가다듬어야 합니다.

모든 말과 글은, 셋째, 슬기롭고 착하게 써야 합니다. 어영부영 말할 때에는 어영부영 듣고 맙니다. 어설피 말하니까 어설피 듣습니다.

모든 잘잘못은 말이나 글을 처음 꺼낸 사람한테서 비롯합니다. 슬기롭게 말을 한대서 꼭 슬기롭게 듣는다 할 수 없으나, 슬기롭게 받아들여 주기를 바라면 슬기로이 말하는 넋을 추슬러야 합니다. 착하게 말한다 하더라도 착하게 듣지 않는 사람이 많으나, 착하게 어깨동무하기를 꿈꾸면 착하게 말하는 얼을 다스려야 좋아요.

말하기와 글쓰기 밑틀은 이 세 가지로 넉넉하다고 느낍니다. 여기에 몇 가지를 덧붙인다면, 맞춤법까지 잘 맞추고 띄어쓰기를 알맞게 살필 수 있으면 참으로 좋을 테고, 어차피 나눌 말이라면 한결 따스하면서 살가이 펼칠 때에 더욱 좋습니다. 군더더기 없도록 돌아보면 더 좋고, 너무 길거나 너무 짧지 않은 알맞춤한 길이로 말을 하거나 글을 쓰면 참으로 좋아요.

여기에다가, 내가 쓰는 말이 참말 우리말답다 할 만한지 살핀다면 아주 고맙습니다. 이 대목까지 바라기는 몹시 어렵습니다. 왜냐하면, 오늘을 살아가는 말사랑벗은 영어를 더 잘 쓰거나 한자 지식을 더 익히거나 갖가지 자격증을 더 갖추도록 내몰리거든요. 바쁘고 힘든 나머지 말사랑벗 스스로 말사랑벗이 날마다 쓰는 말글을 사랑스럽거나 아름다이 건사할 겨를이 없어요. 대학입시로도 바쁠 뿐더러, 대학입시가 아니라 이 일 저 일 아주 고단할 텐데, '참말 우리말다운지'를 살피라 하는 일은 무거운 굴레를 뒤집어씌우는 셈입니다.

이리하여, 말하기와 글쓰기 밑틀은 딱 세 가지로만 듭니다. 더 기운을 낼 수 있거나 더 사랑을 쏟을 수 있을 때에 비로소 "우리말 바르게 손보기"를 읽으면서 생각을 기울여 주셔요. 괜히 섣부른 지식쌓기로 "우리말 바르게 손보기"를 읽다가는 머리가 핑핑 돕니다. '우리말 달인'이 되자며

읽을 "우리말 바르게 손보기"가 아니에요. '우리말 깨끗이 지키기'를 하자는 "우리말 바르게 손보기" 또한 아닙니다. 말사랑벗 스스로 깨끗하다고 느끼는 삶을 사랑하면서 지내면, 저절로 우리말을 깨끗하게 지킵니다. 나 스스로 맑으면서 고운 삶을 돌본다면, 내 넋과 말은 시나브로 맑으면서 고운 결을 이을 수 있어요.

"우리말 바르게 손보기"는 말꼬리잡기가 아닙니다. 어떤 사람이 '얄궂게 말을 하거나 글을 쓴다' 해서 "당신은 뭔데 말을 요로코롬 하우?" 하고 따지자는 말꼬리잡기가 아니에요. 우리말을 바르게 손보면서 내 삶을 바르게 추스르자는 "우리말 바르게 손보기"입니다. 우리말을 바르게 손보면서 내 마음밭을 알차게 일구겠다는 "우리말 바르게 손보기"예요. 책을 읽을 때에 더 깊이 읽으면서 더 제대로 헤아리자는 "우리말 바르게 손보기"입니다. 내가 늘 쓰는 우리말이 얼마나 우리말다운가를 톺아보면서 내 꿈을 한껏 알뜰히 보살피고 싶다는 "우리말 바르게 손보기"입니다.

　이 말은 맞고 저 말은 그릇되니까 엉터리라 일컫는 “우리말 바르게 손보기” 또한 아닙니다. 이렇게만 써야 하고 저렇게는 써서는 안 된다는 “우리말 바르게 손보기”도 아니에요.

　우리말이 어느 만큼 우리말다운가를 살피면서, 우리말다움을 빛내는 길이란 어떻게 찾아서 걸어가야 즐거운가를 함께 어깨를 겯고 생각하자는 “우리말 바르게 손보기”로 삼아 읽어 주면 좋겠습니다. “이 상자에 담아.”랑 “이 박스에 담아.”를 놓고 본다면, “이 상자에 담아.”로 써야 알맞고 올바르지만, “이 박스에 담아.”라 말하는 사람을 함부로 깎아내리거나 손가락질해서는 안 됩니다. 나 스스로 즐거이 옳고 바르게 말하면서 착하고 참다이 살아가면 됩니다. 내 삶을 사랑하면서 내 꿈을 빛내는 길에서 함께할 “우리말 바르게 손보기”입니다.

ㄴ. 갖가지 한자말

역할

'일본 한자말'이라는 '역할'이지만, 이 일본 한자말을 거르거나 다듬거나 손질하면서 알맞게 우리말을 쓰는 어른이 퍽 적어요. 학교에서나 마을에서나 모두 마찬가지입니다. 왜 어른들은 '안 써야 좋은 말'이라고 이야기할 뿐 아니라 신문이나 방송이나 책에서도 이런 말은 털자고 외치면서, 막상 이런 말을 아무렇지 않게 쓸까요. 어쩌면, 옳고 바르며 알맞게 쓸 우리말을 모르기 때문이 아닐까요.

역할(役割) : 자기가 마땅히 하여야 할 맡은 바 직책이나 임무

역할 분담을 하자 ➡ 일을 나누어 맡자 | 일감을 나누자 | 할 일을 나누자

존재

아저씨가 국민학교라는 이름이 붙던 학교를 다니던 1982~1987년에 학교나 마을에서 '존재'라는 낱말을 들은 일은 거의 없다고 떠오릅니다. 어쩌면 이런 말을 들을 까닭이 없습니다. 그러나 요즈음은 초등학교에서도 이 낱말을 쓸 뿐 아니라, 어린이책이나 청소년책에도 이 낱말이 꽤 자주 나타납니다. 말사랑벗님, '존재' 없이는 말을 못하는지, '존재'라는 한자말 때문에 정작 내가 나타내고픈 느낌이나 생각을 못 나타내는지 가만히 헤아려 보셔요.

존재(*存在*) : 현실에 실제로 있음

시작

　"요이, 땅!"은 일본말이니 쓰지 말아야 한다고들 하지만, "준비, 시작!" 또한 일본 말투인 줄 깨닫지 못하는 우리들입니다. 일본사람이 한자를 일본 말소리로 담은 '요이'와 '땅(총소리를 빗대어 쓰는 말)'을 '준비'와 '시작' 으로 바꾼다 해서 우리말이 되지 않아요. "이제, 간다!"라든지 "자, 가자!"처럼 말해야 올바릅니다. 생각해 보면, '처음'이라는 우리말이 있어도 '시작'이라는 일본 말투에 젖어들고 만 우리들입니다. 껍데기는 한자말이지만, 우리들이 즐겨쓰는 '시작'이라는 한자말은, 거의 일본사람이 일본글에 쓰던 투 그대로 따릅니다.

시작(始作) : 어떤 일이나 행동의 처음 단계를 이루거나 그렇게 하게 함

생활

　'살아감'을 뜻하는 낱말이 '생활'이라지만, '살아감'을 뜻하는 우리말은 '삶'입니다. 집살림과 나라살림과 마을살림이 있고, '내 삶'이 있으

며, 이러한 삶은 '말삶'이나 '책삶'으로 이어집니다. 우리는 우리말 '살다 – 살아가다 – 살아숨쉬다'를 알맞춤하게 쓰는 말솜씨를 어릴 때부터 제대로 익히지 못합니다. '살아나다 – 살아내다 – 살아남다'를 곳에 따라 옳게 쓰도록 참다이 배우지 못합니다. 삶을 꾸리는 곳이기에 삶터요, 삶자리요, 삶마당입니다.

생활(生活) : 사람이나 동물이 일정한 환경에서 활동하며 살아감

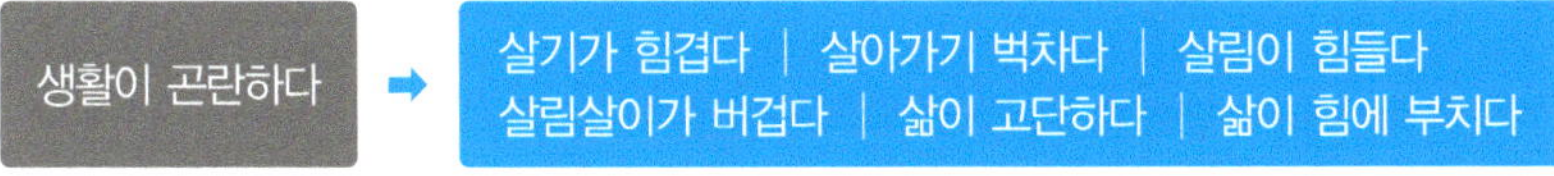

이별

만나니까 헤어집니다. '만남'과 '헤어짐'은 서로 맞선 낱말입니다. '이별'한다고 말해 버릇하면 '상봉'이나 '조우'나 '접촉' 같은 또다른 한자말이 자꾸 들쑥날쑥 튀어나옵니다. 한자말을 즐겨쓰니 또다른 한자말을 즐겨쓰고, 우리말을 사랑하면 또다른 우리말을 사랑합니다.

이별(離別) : 서로 갈리어 떨어짐

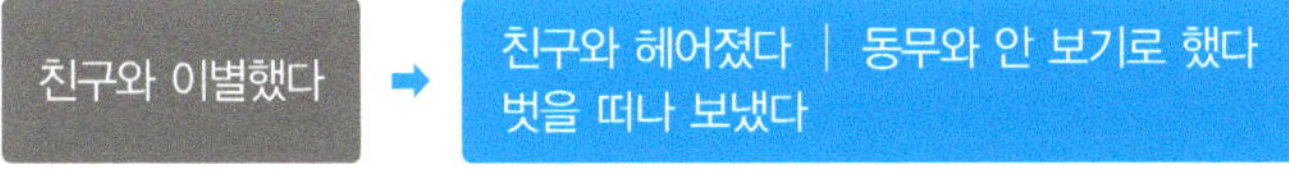

표현

우리는 우리 생각을 '나타냅'니다. 내 뜻을 '드러내'고, 내 마음을 '보

여줍’니다. 내 사랑을 가만히 담아 ‘말하’기도 합니다. 내 느낌을 말할 때에는 이야기로 ‘들려주’기도 합니다. 언뜻선뜻 ‘비치’기도 하는 넋이요, 살며시 ‘내보이’는 얼이곤 합니다.

표현(表現) : 생각이나 느낌 따위를 언어나 몸짓 따위의 형상으로 드러내어 나타냄

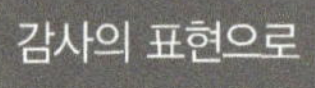

우려

　누구나 국어사전을 곁에 놓고 틈틈이 펼친다면 ‘우려’처럼 알맞지 않을 뿐더러 쓸모가 없는 한자말을 함부로 쓰지 않으리라 생각합니다. 우리들은 우리말을 너무 모를 뿐 아니라, 우리 스스로 우리말을 알아보려 하지 않아요. 어른들은 한결같이 우리말을 잘 모르는 바보라 할 만합니다. 어른들 때문에 말사랑벗까지 우리말에 마음을 쓰지 못하는 바보처럼 살아가고야 맙니다. 예쁘며 착한 말사랑벗들이 바보스러운 어른들을 잘 토닥여 주셔요. 고우며 씩씩한 말사랑벗님이 걱정스러운 어른들을 잘 일깨우며 이끌어 주셔요.

우려(憂慮) : 근심하거나 걱정함

정도

　“어느 정도 되는지 본다.” 같은 자리는 “어느 만큼 되는지 본다.”나 “얼마나 되는지 본다.”로 손질해야 알맞습니다. 이제는 아주 많은 곳에서 거의 누구나 ‘정도’ 같은 낱말을 쓰지만, 이 한자말이 우리 삶으로 스며든지는 그리 오래되지 않았어요. 지난날 한겨레가 쓰던 말이란 ‘만큼’과 ‘쯤’입니다. 이야기 흐름에 따라 ‘만큼’조차 안 쓰면서 서로서로 생각과 마음을 나누었습니다.

정도(程度) : 그만큼가량의 분량

<table>
<tr><td>그 정도 일이야 뭐 →</td><td>그런 일이야 뭐 ｜ 그쯤 되는 일이야 뭐 ｜ 그쯤이야 뭐
그 따위 일이야 뭐 ｜ 그런 쉬운 일이야 뭐
그만 한 일이야 뭐</td></tr>
</table>

찬란

　‘우아優雅하다’가 우리말인 줄 잘못 알던 적이 있습니다. ‘우아미 가구’라는 이름도 있습니다. 그런데 ‘우아’란 ‘아름다움’을 한자로 옮긴 낱말이요, ‘미’란 ‘아름다울 美’라는 한자입니다. ‘우아미’란 ‘아름답디 아름다움’이랄 수 있지만, 같은 말을 잇달아 적은 겹말이에요. “화려華麗하고 아름답게”를 뜻한다는 ‘찬란’ 또한 ‘아름다움’을 가리키는 한자말입니다. “화려하고 아름답게”이니 ‘여느 아름다움’과는 다르다 말할는지 모르지만, ‘화려’란 “환하게 빛나는 아름다움”이에요. 그러면 ‘아름다움’이란 무엇일까요. 우리가 ‘아름다움’이 무엇인지 찬찬히 헤아릴 줄 안

다면 '우아'이든 '찬란'이든 어설피 잘못 쓰거나 얄궂게 마구 쓰는 일은 없으리라 생각해요.

찬란(燦爛) : 빛깔이나 모양 따위가 매우 화려하고 아름다움

찬란하게 빛나는 태양 →	아름다이 빛나는 해 ｜ 아리땁게 빛나는 해 어여삐 빛나는 해 ｜ 밝고 환히 빛나는 해 맑고 곱게 빛나는 해

사용

'사용법'이란 '쓰는법'입니다. '사용안내'란 '어떻게 써야 하나'를 밝히는 말이니 '길잡이'나 '알림글'이란 소리이기도 합니다. '사용시 주의사항'이란 '쓸 때 살필 대목'이에요. 말사랑벗이나 저나 돈을 '쓰'지 돈을 '사용'하지 않습니다. "자동차 사용을 제한하다"는 틀리게 쓰는 말입니다. "자동차를 타지 못하도록 막다"나 "자동차는 못 들어오도록 하

다”라 고쳐써야 올발라요. “존댓말을 사용”할 우리들이 아니라 “높임말을 쓸” 우리들이며, “숙소로 사용”할 우리들이 아니요 “잠잘 곳으로 삼”거나 “잠자리로 쓸” 우리들입니다.

사용(使用) : 일정한 목적이나 기능에 맞게 씀

우리말을 사용하다 ➡ 우리말을 쓰다 | 우리말을 하다

이용

어릴 적, 머리를 깎으러 ‘이발소理髮所’나 ‘이용원理容院’을 다녔습니다. 이발소나 이용원은 한자말이지만, 간판이 한자로 된 곳은 없었습니다. 아마, ‘이발소’나 ‘이용원’을 한자로 적으면 사람들이 이곳이 어떤 데인지 알아보기 힘들 테지요. 남자는 ‘이발소–이용원’을 다니고, 여자는 ‘미용실美容室’을 다녀야 한다 했는데, 나중에 ‘머리방’이 나왔습니다. 생각해 보면, 머리를 만지는 집이니 ‘머리방’이나 ‘머리집’이라 이름을 붙여야 옳아요. 그러니까, 저로서는 ‘이용’이라 한다면, 그리 쓸 만하지 않은 한자말이면서 ‘머리를 깎는 일’을 일컫는다고 여기지, 우리말 ‘쓰다’와 똑같이 쓸 낱말로는 다루지 않습니다.

이용(利用) : 대상을 필요에 따라 이롭게 씀

자원의 효율적 이용 ➡ 자원을 알맞게 쓸 | 자원을 알차게 씀
자원을 알뜰히 씀 | 자원을 훌륭히 씀

세탁

　제가 어렸을 때 동네 세탁소 아저씨는 동네를 돌며 "세에탁!" 하고 노래를 불렀습니다. "세에탁!" 하고 노래를 부를 때에 집에서 나와 당신 가게에 맡길 빨래감을 내놓으라는 뜻이었습니다. 어머니들은 '세탁소'에 '빨래감'을 맡겼습니다. 집에서는 누구나 '빨래'를 했습니다. 나중에 '세탁기'라는 기계가 나왔지만, 세탁기를 쓰면서 누구나 으레 '빨래한다'고 말했습니다. 1990년대로 접어들며 '빨래방'이 처음 나왔습니다. '머리방'과 매한가지로, 빨래를 하는 집이니 마땅히 '빨래집'이라 이름을 붙였어야 했는데, 한글을 1400년대에 만들었다 하지만, 정작 '빨래'를 옳게 쓴 때는 2000년을 코앞에 두었던 얼마 앞서입니다.

세탁(洗濯) = 빨래

매일 세탁해야 한다 ➡ 날마다 빨래해야 한다 │ 날마다 빨아야 한다

열심

　말사랑벗한테 "열심히 공부해." 하고 말하는 어버이나 선생님이 있을 테지요. 저도 어린 날부터 이런 소리를 곧잘 들었습니다. '공부'라는 낱말뿐 아니라 '열심'이란 낱말이 얼마나 싫고 지겨웠는지 몰라요. 중학생쯤 될 무렵, '열심'이라는 낱말을 국어사전에서 뒤적이다가 '바지런'이나 '부지런'을 한자로 옮긴 낱말일 뿐인 줄을 깨닫습니다. 그러니까, 어른들은 우리한테 "바지런히 공부하라"고 말한 셈이고, '공부工夫'란 '배움'을 가리키는 한자말이었어요. 이러거나 저러거나 우리한테는 골아픈

말이라 할는지 모르지만 어차피 할 말이라면, "열공"보다는 "힘써 배우라" 하고 말했으면 어떠했을까요.

열심(熱心) : 어떤 일에 온 정성을 다하여 골똘하게 힘씀

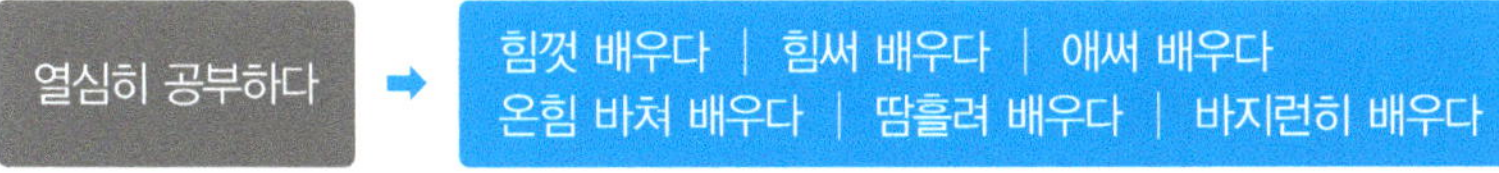

지각

학교에서나 회사에서나 '지각' 하지 말라고 이야기합니다. '늦지' 말라고는 잘 말하지 않아요. 학교나 회사에서는 '조회'를 하고 군대에서는 '일조점호'를 합니다. '朝會' 이든 '日朝點呼' 이든 아침에 모이는 일이요, '아침모임' 이에요. 가만히 보면, '조회' 나 '점호' 같은 말은 우리가 일본 제국주의자한테 짓눌리던 때 슬프게 들어와 여태껏 슬프게 옥죄는 낱말이기도 합니다.

지각(遲刻) : 정해진 시각보다 늦게 출근하거나 등교함

판단

'판단' 말풀이는 '판정 判定'을 찾아보도록 나오고, '판정' 말풀이는 '판별 判別'을 살펴보도록 나옵니다. '판별' 이란 "판단하여 구별함"이라 나와요. 그러니까, '판단 → 판정 → 판별 → 판단' 인 셈이랍니다. 이런 돌

림풀이로 된 국어사전을 펼칠 말사랑벗은 우리말을 어떻게 배우거나 헤아
릴 수 있을까 궁금합니다.

판단(判斷) : 사물을 인식하여 논리나 기준 등에 따라 판정을 내림

정확한 판단을 내리다 → 올바로 살피다 | 올바로 가누다 | 올바르게 가리다
올바르게 헤아리다 | 옳고 바르게 생각하다

입장

　흔히들, '立場'이라는 한자말만 일본 한자말로 여기며, 이 말을 안 써
야 한다고 합니다. 그런데, '入場'이라는 한자말 또한 우리말이 아니에
요. 우리말은 '들어옴'입니다. "입장하세요."는 잘못 쓰는 말이라 "들어
오세요."라 말해야 올바릅니다. '입장과 퇴장'은 '들어오고 나가기'로 손
질해야 알맞습니다. 곰곰이 살펴본다면, 지난날 한국사람은 '입장' 같은
한자말을 안 썼습니다. '입장'이라는 일본 한자말을 어찌저찌 고쳐써야
한다기보다, 이런 말을 아예 안 쓰면 됩니다. "내 입장 좀 봐줘."가 아니라
"나 좀 봐줘."라든지 "나를 좀 생각해 줘."라 말해야 올발라요. "입장 바
꿔 생각해 봐."는 "자리 바꿔 생각해 봐."이거나 "(네가) 내가 되어 생각해
봐."로 고쳐 주어야 합니다.

입장(立場) : 당면하고 있는 상황

내 입장이 난처하다 → 내 자리가 딱하다 | 내가 힘들다
내가 어찌할 바 모르다

학교에서 선생님들은 언제나 "이제 이해하겠니?" 하고 물었습니다. 때로는 "이제 알겠니?" 하고도 물었습니다. 그러니까, '이해하다'란 '알다'란 소리입니다. "네가 나를 이해할 수 있니?" 할 때에는 "네가 나를 알 수 있니?"라는 뜻이며, "네가 내 마음일 수 있니?"와 같은 느낌입니다. 이해하기 어려운 일이란 알기 어려운 일이면서 '알쏭달쏭하'거나 '아리송한' 일이에요. '알듯 말듯한' 일이 되기도 하겠지요.

이해(理解) : 사리를 분별하여 해석함. 깨달아 앎

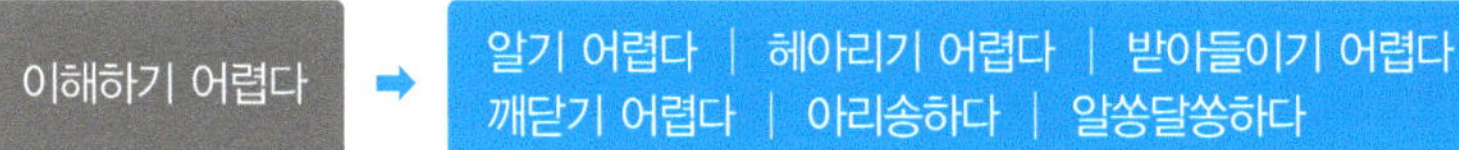

감동

마음을 움직이도록 이끄는 책이 좋다고 느낍니다. 저는 '좋은' 책이라기보다 '제 마음을 움직이도록 이끄는' 책을 즐깁니다. 내 마음을 건드리지 못하거나 내 마음을 움직이지 못한다면, 아무것도 느끼지 못한다는 소리입니다. 마음이 움직여야 사랑이고, 마음이 움직일 때에 비로소 믿음입니다.

감동(感動) : 크게 느끼어 마음이 움직임

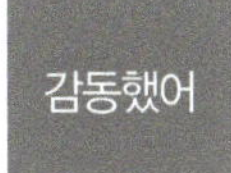

제공

‘금품 제공’을 하듯이 ‘애정 제공’을 하는 사람이 있을까 궁금합니다. 나쁜 꿍꿍이셈인 사람은 돈을 몰래 주거나 뒷주머니에 꽂아 넣습니다. 착한 사랑을 하는 사람은 사랑을 주거나 나누거나 베풀거나 펼치거나 함께 하거나 선보입니다. 저마다 선 자리에 알맞게 말을 합니다. 저마다 사랑하는 만큼 말을 가꾸거나 돌봅니다.

제공(提供) : 무엇을 내주거나 갖다 바침

<table>
<tr><td>음식이 무료로 제공되고 있다</td><td>→</td><td>밥을 거저로 준다 ｜ 밥을 그냥 준다
누구한테나 밥을 준다 ｜ 아무나 밥을 먹을 수 있다
밥을 거저로 먹을 수 있다</td></tr>
</table>

시인

시를 쓰는 사람도 ‘시인詩人’입니다. 소설을 쓰는 사람은 ‘소설가小說家’라 합니다. 그림을 그리면 ‘화가畫家’라 해요. 그런데, 우리들은 ‘시꾼’이나 ‘시쟁이’, ‘소설쟁이’나 ‘소설꾼’, ‘그림쟁이’나 ‘그림꾼’이라 말하기도 합니다. 학교에서 선생님은 가르치는 사람입니다. 그래서 ‘가르침이’나 ‘가르침꾼’이라 일컬을 수 있고, 배우는 사람은 ‘배움이’나 ‘배움꾼’이라 가리킬 수 있어요. 언제나 내 모습 그대로 내 이름을 붙이면 되고, 내 모습 그대로 받아들일 때에 비로소 가장 알맞거나 좋은 이름을 얻습니다.

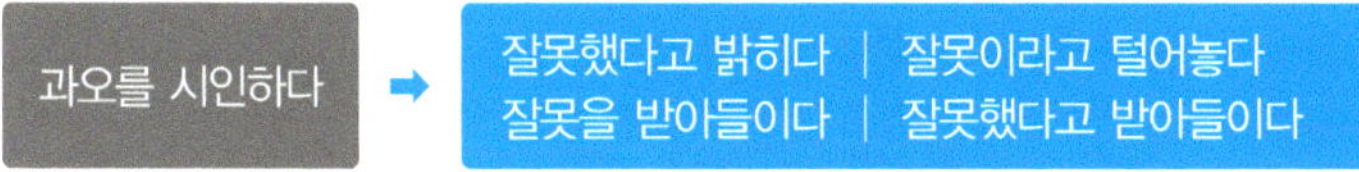

이상

"그 이상以上이다"라 할 때에는 "그보다 크다"로 다듬으면 됩니다. "평균 이상이다"라 할 때에는 "평균보다 높다"로 다듬으면 되고요. 아니, 다듬는다기보다, 이처럼 이야기해야 알맞습니다. "이상理想을 높게 펼치라"라면 "꿈을 높게 펼치라"라든지 "뜻을 높게 펼치라"로 손질하면 됩니다. 아니, 이때에도 손질한다기보다, 이렇게 이야기할 때에 올바릅니다. 우리는 우리말을 제대로 배우지 못했고, 제대로 가르치지 않으며, 제대로 생각하는 길을 잊은 얄궂은 사람입니다.

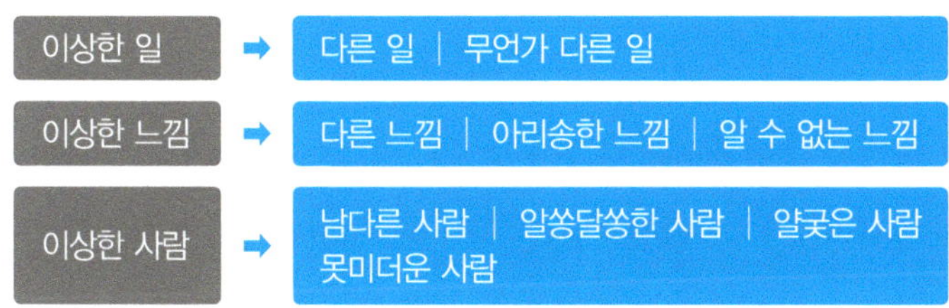

차이

우리말을 담은 국어사전이 사랑스럽거나 아름답다면, 우리 말사랑벗한테 국어사전을 틈틈이 읽고 알뜰히 살피라고 이야기하고 싶습니다. 그러나, 우리말을 실은 국어사전이 안쓰럽거나 슬프더라도, 이 국어사전을 가만히 살피고 곰곰이 돌아보면서, 말사랑벗들 나름대로 옳고 바르게 우리말을 헤아리면서 익히면 좋겠다고 이야기하고 싶어요. 한자말 '차이'를 국어사전에서 찾아보면 "다름"이라고 풀이합니다. 이 말풀이를 제대로 읽을 수 있다면, 우리말 '다름'을 한자말로는 '차이'로 적는 셈이로구나 하고 깨닫습니다. 우리가 쓸 말은 '다름'이고, 중국사람이나 일본사람이 쓸 말은 '差異'예요. 한글로 '차이'라 적는다 해서 우리가 쓸 만한 낱말은 아닙니다.

차이(差異) : 서로 같지 아니하고 다름

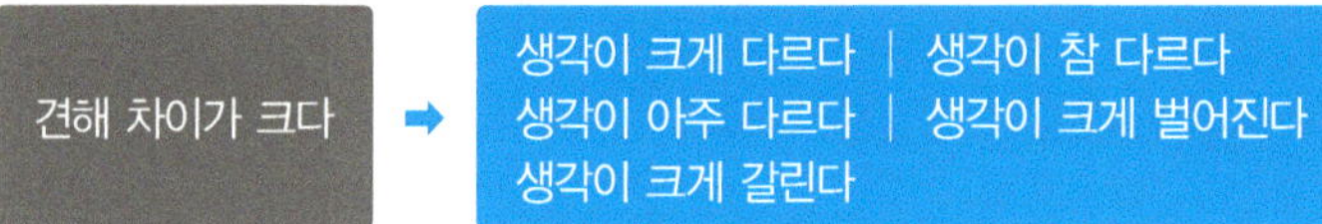

접촉

제가 1980년대에 국민학교를 다니며 중학교로 들어설 때에는, 두 학교에서 쓰는 교과서 '말투'가 달랐습니다. 국민학교 때에는 쉬운 말투를 쓰지만, 중학교부터는 어려운 말투를 썼어요. 이를테면, 국민학교 때까지는 '세모'와 '네모'였으나, 중학교부터는 '삼각형'과 '사각형'이었어요. 국민학생 때 자연을 배우면서 들은 말은 '닿다'와 '맞닿다'였으나, 중학생 때부터는 과학을 배우면서 '접촉'이라는 말을 듣고 써야 했습니다. '닿은 자리'나 '닿은 곳' 같은 말투는 과학하는 말투가 될 수 없고, 오로지 '접촉면'이라고만 해야 했어요. 고등학교까지 마치고 사회라는 데로 나오니, 우리나라 대통령과 다른 나라 대통령이 만나든, 이웃과 이웃이 만나든 으레 '접촉'이라는 말을 씁니다. 우리말은 '만나다'요 '사귀다'이며 '어울리다'인데, 이런 우리말을 듣거나 쓸 자리는 자꾸 사라집니다.

접촉(接觸) : 서로 맞닿음. 가까이 대하고 사귐

이웃과의 접촉을 꺼리다 ➡ 이웃과 만나기를 꺼리다 │ 이웃과 사귀기를 꺼리다

이하

학교에서 '이상 – 이하'랑 '미만 – 초과'가 어떻게 다른가를 배웠습니다. 그러나 '넘다/넘치다 – 모자라다'라든지 '웃돌다 – 밑돌다'라든지 '적다 – 많다' 같은 말이 어떻게 다른가를 배운 적이 없습니다. 한눈에 알아보도록 쉬우면서 바르게 말하도록 우리말을 가르치는 어른이 없었고, 쉽고 바른 우리말을 애써 배우려는 또래 동무 또한 없었습니다. 가르치면 그저 가르치는 대로만 배워야 하는 '쑤셔넣기(주입식)'만 판쳤습니다.

이하(以下) : 수량이나 정도가 일정한 기준보다 더 적거나 모자람. 순서나 위치가 일정한
　　　　　 기준보다 뒤거나 아래

18세 이하 관람 불가 ➡ 열여덟까지 볼 수 없음 │ 열여덟 살까지 못 봄
열아홉 안 되면 못 봄 │ 열아홉부터 볼 수 있음

작업

사회 한켠에서는 '일하는' 사람을 일컬어 '근로자勤勞者'라 하고, 다른 한켠에서는 '노동자勞動者'라 합니다. 어느 쪽에서도 "일하는 사람 = 일꾼"으로 말하지 않습니다. 일을 하는 곳은 '일터'이지만 '작업장作業場'이라고만 가리킬 뿐이요, 이제는 '잡job'이라는 영어를 두루 쓰기까지 합니다.

작업(作業) : 일을 함

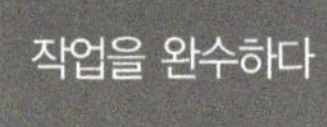

계속

처음 듣고 말을 할 때에는 그때와 그곳에 알맞으니까 이런 말을 써야 하는구나 하고 느꼈으리라 봅니다. 나중에는 왜 이런 말을 써야 하는지를 헤아리지 않으면서 그냥 말합니다. 익숙해진다고 해야 할까요, 길든다고 해야 하나요. 참으로 좋은 말인지, 더할 나위 없이 알맞을 말인지, 여러모로 괜찮은 말인지를 살필 겨를이 없을 뿐더러, 애써 살피는 사람이 없습니다. 그냥 쓰니까 그냥 쓰는 말입니다. 자꾸 쓰면서 버릇이 되는 말입니다. 잇달아 듣고 말하다 보니 뿌리내리는 말입니다. 좋은 말도 익숙해지지만, 궂은 말 또한 익숙해집니다. 익숙해지는 말이란 참 무서운 삶이라고 느껴요.

계속(繼續) : 끊이지 않고 잇따라

계속 진행하다	→	그대로 이어가다	끊지 않고 하다
계속 걷다	→	꾸준히 걷다	한결같이 걷다
계속 펼치다	→	잇달아 펼치다	자꾸 펼치다

순수

　"순수한 뜻이었어." 하는 말을 곧잘 했습니다. 이래저래 나쁜 뜻이란 없었다는 마음을 밝히려고 읊은 말입니다. 이제 와 돌이키면 "나쁜 뜻은 없었어."라든지 "그런 뜻이 아니었어."라든지 "해코지할 마음이 아니었어."라든지 "일부러 한 일이 아니었어."처럼 말해야 올발랐겠구나 싶습니다. 어떤 사람들은 '순수예술'이나 '순수학문'이나 '순수문학'을 이야기합니다. 오늘날 숱한 예술이나 학문이나 문학이 '돈을 바라보면서' 이루어지기 때문에 '순수'라는 낱말을 꾸밈말처럼 붙이는구나 싶은데, "못된 생각이 섞인"다면 예술도 아니고 학문도 아니요 문학도 아니에요. 처음부터 끝까지 '순수'를 앞에 붙일 수 없습니다. "그냥 학문을 할" 뿐이고, "좋아하는 문학을 할" 뿐입니다.

순수(純粹) : 전혀 다른 것의 섞임이 없음. 사사로운 욕심이나 못된 생각이 없음

| 순수한 애정 | → | 티없는 사랑 | 맑은 사랑 | 꾸밈없는 사랑 | 깨끗한 사랑
고운 사랑 | 해맑은 사랑 | 싱그러운 사랑 |

대통령이나 국회의원 같은 분들을 '뽑는' 자리에서는 으레 '선거'와 '선택'이라는 낱말만 쓸 뿐, '뽑다'나 '뽑기' 같은 말은 쓰지 않습니다. 그분들한테는 '뽑다' 같은 낱말이 버르장머리없다고 느끼기 때문일까요. 대통령도 뽑지만, 반장도 뽑습니다. 국회의원도 뽑으나, 청소당번도 뽑습니다. 뽑는 일이랑 비슷하게 '가리기'와 '추리기'와 '솎기'와 '골라뽑기'가 있습니다. '추리기'와 '간추리기'는 또 다릅니다. 우리들이 '선택'이라는 한자말에 매인다면 이 숱한 우리말을 제대로 못 쓰기도 하지만, 제대로 쓰는 결마저 잃거나 잊습니다.

선택(選擇) : 여럿 가운데서 필요한 것을 골라 뽑음

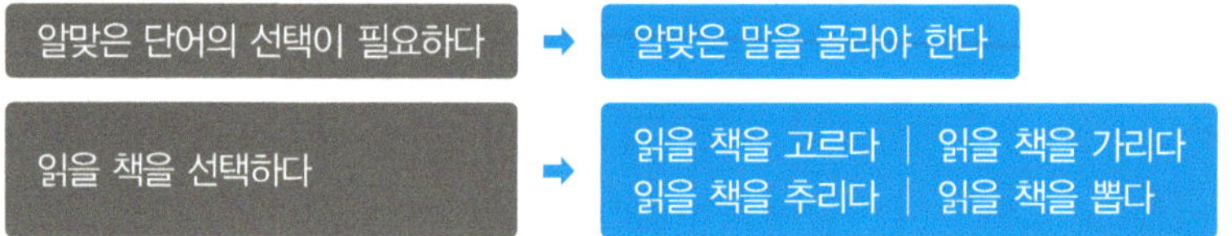

설명

선생님들은 늘 '설명'합니다. 선생님들 '설명'을 듣다 보면, 이 설명이란 곧 '말씀'이나 '말'이나 '이야기'이곤 합니다. "자, 내가 설명해 줄게."란 "자, 내가 이야기해 줄게."예요. 그러고 보면, 이야기해 주는 일이란, 잘 모르는 사람한테 '알려주는' 일입니다. 흐리멍덩하게 알거나 어렴풋이 생각하던 대목을 환하게 '밝히는' 일이기도 해요. '깨우쳐' 주거나 '일깨워' 주는 일이기도 합니다.

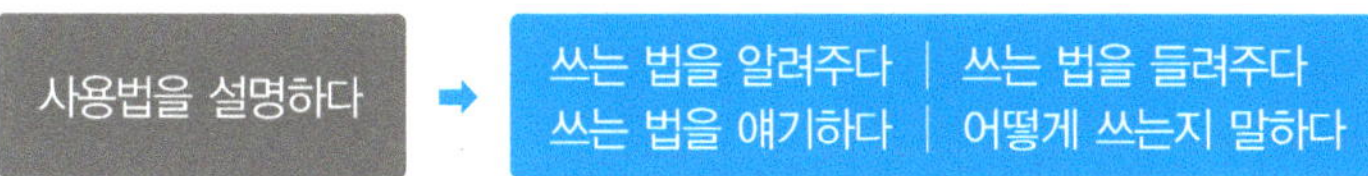

기억

예전에 듣거나 겪은 일을 잘 떠올리는 사람한테 흔히 "기억력이 좋다."고 말했습니다. '기억력'이란 "기억하는 힘"이고, 기억하는 힘이란 "되새기는 힘"입니다. 되새김질 잘하는 셈이고, 생각힘이 남다르다는 소리예요. 지난 일을 헤아리는 모습을 일컬으며 '떠올리다'를 비롯해 '돌이키다'라든지 '되돌이키다'라든지 '돌아보다'라든지 '되돌아보다'라든지 '뒤돌아보다'라든지 '되씹다'라든지 '되새기다'라든지 참 많이 이야기합니다. 숱한 낱말마다 쓰임새가 조금씩 다르고, 느낌과 말맛이 살짝 달라요. 우리말을 생각하는 마음을 기르면 내 넋을 한결 넉넉하고 알차게 가다듬을 수 있습니다.

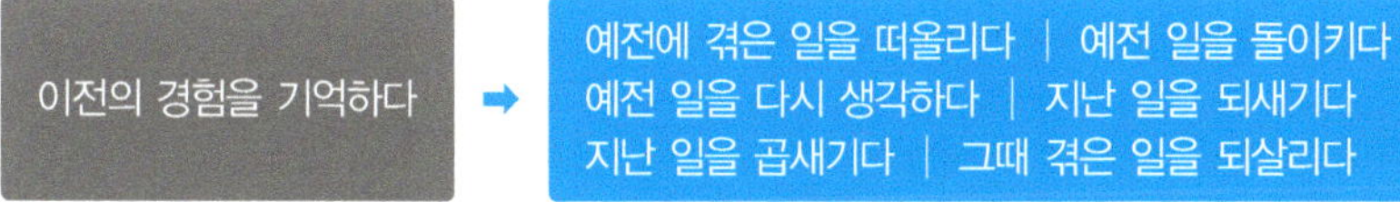

사고

"생각하고 궁리窮理함"을 뜻한다는 '思考'입니다. '궁리'란 "마음속으로 이리저리 따져 깊이 생각함”을 가리키는 한자말입니다. 그러니까, 한자말 ‘사고’란 “생각하고 깊이 생각함”을 뜻한다 하겠습니다. 차분히 살피면서 생각한다면, ‘사고’이든 ‘궁리’이든 우리가 쓸 만한 낱말인가 아닌가를 쉽게 헤아릴 만하다고 느낍니다. 차분히 살피지 않을 뿐더러 제대로 생각하지 않으니까 ‘사고’나 ‘궁리’ 같은 한자말이 자꾸 생겨나거나 불거집니다.

사고(思考) : 생각하고 궁리함

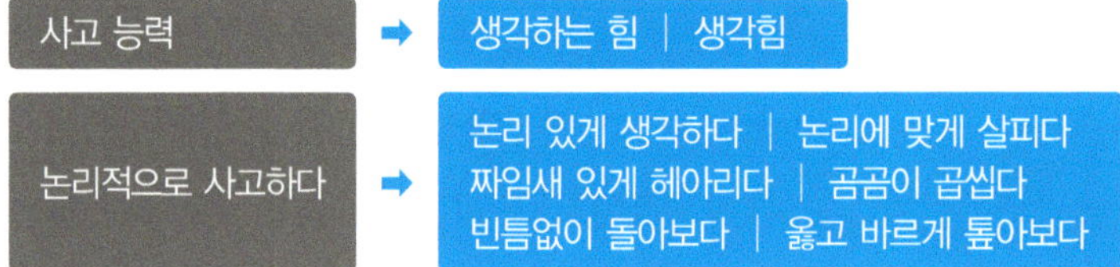

양보

어릴 적부터 버스를 탈 때에는 어른한테 자리를 ‘양보’하라고 배웠습니다. 그런데, 버스에서 하는 ‘양보’란, “내가 앉은 자리를 내주는” 일이었습니다. ‘양보’라는 한자말이 무슨 뜻인지 잘 알지는 못했으나, 왜 이리 어려운 말을 쓰나 하고 고개를 갸웃갸웃했습니다. 손쉽게 “어른한테 자리를 내줍시다”라 말하면 넉넉할 텐데요.

양보(讓步) : 길이나 자리, 물건 따위를 사양하여 남에게 미루어 줌. 자기의 주장을 굽혀 남의 의견을 좇음. 남을 위하여 자신의 이익을 희생함

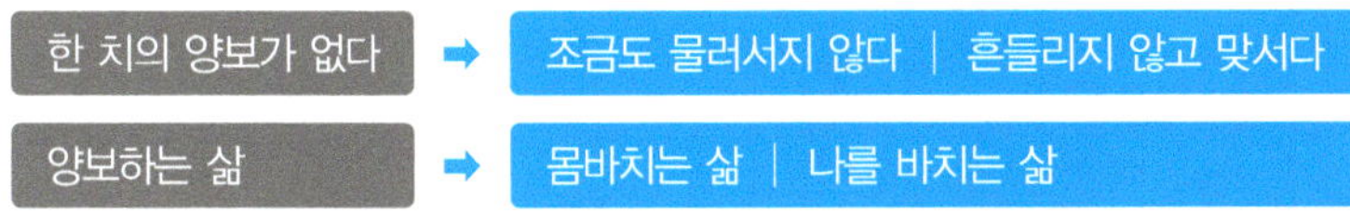

고민

애를 태우는 일이란 속을 태우는 일입니다. 속을 태우는 일이란 '걱정'입니다. 우리말은 '걱정'이고, 한자말은 '苦悶'이에요. 걱정하기 때문에 마음이나 몸이나 괴롭습니다. 마음도 몸도 고단합니다. 고달프거나 고되어요. 힘들거나 힘차거나 벅찹니다. 힘겹거나 버거워요. 걱정하기에 근심스럽고, 근심스러우니까 마음이 아픕니다. 마음앓이까지 합니다.

고민(苦悶) : 마음속으로 괴로워하고 애를 태움

대화

요즈음도 학교에 '상담실相談室'이 있나 모르겠습니다. '상담실'이란 상담을 하는 방이고, 상담이란 "문제를 풀려고 의논議論을 하는" 일입니다. '의논'이란 "의견意見을 주고받는" 일이며, '의견'이란 "생각"을 뜻해요. 그러니까, '상담실'은 "생각을 나누는 방"이에요. 생각을 나누는 일이란 바로 "이야기를 주고받는" 일, 곧 '이야기 나눔'입니다.

대통령과의 대화 ➡ 대통령과 이야기하기 | 대통령하고 얘기하기
대통령과 얘기 나누기 | 대통령하고 이야기꽃
대통령과 도란도란 얘기꽃

질문

예부터 궁금하거나 모르는 이야기를 '묻'었습니다. 또래나 동생이나 손아래인 사람한테는 '묻'었고, 손위인 사람이나 어른한테는 '여쭈'었어요. 학교에서 학생이 교사한테 무엇이 궁금하다고 말할 때에는 '여쭌다'고 해야 올바릅니다. 그렇지만, 이제는 '묻'는 사람도 '여쭈'는 사람도 없습니다. '質問'을 하거나 '質疑'를 합니다. 말하거나 이야기해 주는 사람 또한 없이 '對答'과 '應答'만 합니다.

질문(質問) : 모르거나 의심나는 점을 물음

질문을 던지다 ➡ 묻다 | 여쭈다

식사

아침에는 아침밥을 먹고 낮에는 낮밥을 먹으며 저녁에는 저녁밥을 먹어요. 어른한테는 "진지 드셔요."라 하거나 "진지 자셔요."라 합니다. 여러 사람이 먹을거리를 마련하여 차릴 때에는 '도르리'라 하며, 여러 사람이 돈을 내어 먹을거리를 장만하여 차리면 '도리기'라 해요. 밥으로 하는 잔치이니 '밥잔치'입니다. 저녁밥을 잔치를 차리듯 먹는다면 '저녁잔치'이고, 아침에 잔치상을 내놓는다면 '아침잔치'예요.

식사(食事) : 끼니로 음식을 먹음

저녁 식사를 하다 ➡ 저녁밥을 먹다 | 저녁을 먹다

부유

돈이 많다고 해서 꼭 잘사는 사람은 아닙니다. 그러나, 우리나라에서는 돈이 많아야 잘사는 사람으로 여겨요. 더욱이, 돈이 없으면 하나도 넉넉하지 않은 살림으로 여기고요. 그렇지만, 돈이 있을 때에는 말 그대로 '돈 있는' 삶입니다. 돈이 없으면 '돈 없는' 삶이에요. 그리고, 돈이 퍽 많을 때에는 '가멸다'라 가리키고, 돈이 무척 많을 때에는 '가멸차다'라 가리킵니다. 돈이 없을 때에는 '가난하다'고 합니다.

부유(富裕) : 재물이 넉넉함

부유한 가정 ➡ 넉넉한 집안 | 가멸찬 집 | 잘사는 집

항상

누구나 '항상'과 같은 한자말을 얼마든지 쓸 수 있습니다. 다만, 이러한 한자말을 쓸 때에는 "내가 한자말을 쓴다"고 생각해야 합니다. 영어를 쓰고 싶다면, 쓰고픈 사람 마음대로 쓰되, "난 영어를 쓴다"고 생각해야 합니다. 어떠한 말을 쓰는가 살피지 않고 이 말 저 말 섞을 때에는 나 스스로 내 넋을 옳게 다스리지 못하기도 하고, 내 둘레에서 내 말을 듣는 사람 넋을 어지럽히는 일이 됩니다. "언제나 변함없이"를 뜻한다는 '항상'인데, '변變함없다'는 "달라지지 않고 항상 같다"를 뜻하는 한자말입니다. 그러니까 '항상' 말풀이는 "언제나 항상 같다" 꼴이 되어요. 얄궂게 겹말이 된 말풀이입니다.

항상(恒常) : 언제나 변함없이

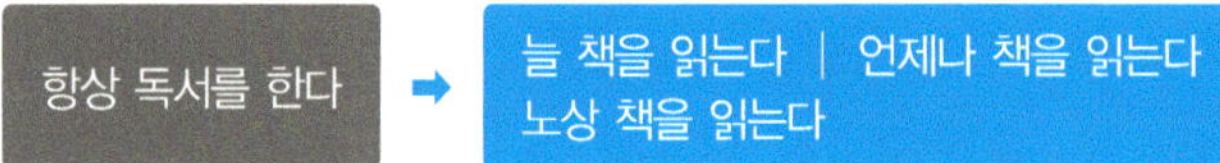

미소

'미소'는 그냥 한자말이 아닌 '일본 한자말'인 줄 아는 사람이 많고, 우리가 안 써야 좋은 낱말이라고 말하는 사람이 많습니다. 그러나 이 낱말 쓰임새는 수그러들지 않아요. 우리는 왜 알맞고 살가우며 곱게 말을 하거나 글을 쓰지 못할까요. 말사랑벗은 어떠한 낱말로 웃음과 기쁨과 아름다움을 나타내야 좋을까요.

미소(微笑) : 소리 없이 빙긋이 웃음

미소를 짓다 ➡ 웃음을 짓다 | 웃음짓다 | 빙긋 웃다

간단

저도 말사랑벗 나이일 때에는 '간단' 같은 한자말은 한자말로 여기지 않고 손쉽게 썼습니다. 나중에 국어사전을 뒤적이고서야 이런 낱말을 굳이 쓸 까닭이 없다고 깨달았어요. '간단'을 "단순하고 간략함"으로 풀이하는데, '단순單純'은 "복잡하지 않고 간단함"이라 합니다. '간략簡略'은 "간단하고 짤막함"이라 해요. 그러니까, "간단 = 간단하고 간단함"이란 셈이에요. 우리나라 국어사전이 참 엉망진창이지요? '간단'이라는 한자말을 넣은 글월을 손보기란 어려울 수 있으나, 가만히 생각하면 퍽 수월합니다. "간단한 문제"란 "쉬운 문제"입니다. "간단한 옷차림"이란 "가벼운 옷차림"이에요. "간단한 구조"는 "수수한 얼개"나 "성긴 짜임새"예요.

간단(簡單) : 단순하고 간략함

간단한 조사를 하다 ➡ 가볍게 살피다 | 몇 가지를 살펴보다
얼추 알아보다 | 조금 헤아리다

필요

"꼭 필요하다"라 말하는 사람이 꽤 많습니다. 한자말 '필요'가 "반드시 있어야 한다"를 뜻하는 줄 모르고 하는 말입니다. '꼭'과 '반드시'는

뜻이 같은 우리말입니다. 그러니까 "꼭 필요한 서류"나 "꼭 필요한 물건"
이라 말하면 겹말이 돼요. 한자말로 이야기하고 싶으면 "필요한 서류"라
하고, 우리말로 얘기하고프다면 "꼭 있어야 할 서류"나 "꼭 챙길 서류"라
해야 알맞습니다.

필요(必要) : 반드시 요구되는 바가 있음

인간

　'인간'이라는 한자말은 '사람'이라는 우리말을 한자로 나타내는 낱말
입니다. 그러나 어느새 이러한 말짜임을 잊고 맙니다. '인간'이랑 '사람'
을 사뭇 다른 자리에 써야 할 낱말로 여겨 버릇해요. 가만히 생각해 볼 노
릇입니다. '인간'과 '사람'을 영어로 옮긴다면, 또 노르웨이말이나 네덜
란드말로 옮긴다면 어떻게 적어야 할까요. 덴마크사람이나 버마사람한테
우리말을 가르친다 할 때에 '인간'이랑 '사람'을 어떻게 가르쳐 주어야
할까요. "저 인간 좀 보라구." 같은 대목은 "저 사람 좀 보라구."로 고쳐쓰
면 되지만, 느낌을 달리하자면 "저놈 좀 보라구."나 "저 녀석 좀 보라구."
나 "저 쓸개빠진 녀석 좀 보라구."나 "저 머저리 좀 보라구."처럼 다 다른
낱말을 넣어야 합니다. 우리들은 '사람'이라는 우리말을 잊으면서, 사람
들 모습과 삶을 나타낼 숱한 말투 또한 잊습니다.

인간적인 생활 → 사람다운 삶

행복

　'복福된' 일이란 "복을 받아 기쁘고 즐거운" 일을 일컫습니다. '행복'이란 곧 '즐거운 일', '즐거움'입니다. 하루하루 즐겁게 살아가는 사람이란, 말 그대로 "즐거운 삶"이고, 이를 한자말로 옮길 때에는 "행복한 생활"이 돼요. 말 한 마디 즐겁게 나누고, 생각 한 자락 즐거이 펼칩니다. 글 한 줄 즐겁게 쓰고, 이야기 한 자락 즐거이 주고받습니다.

불행과 행복 → 슬픔과 기쁨 ｜ 궂은 일과 좋은 일

행복해 보이다 → 즐거워 보이다 ｜ 좋아 보이다 ｜ 흐뭇해 보이다

상상

　마음속으로 그리는 일이란 '생각'입니다. 마음으로 꾸는 삶이니 '생각'해 보는 삶입니다. 예부터 생각하는 사람이라야 산다고 했는데, 생각하는 사람이란 내 삶을 곰곰이 돌아보면서 슬기롭고 알차게 일구려는 사람입니다. 터무니없는 꿈이 아니라, 이루기 힘들더라도 차근차근 이루고 싶은 꿈을 품는 사람이 바로 생각하는 사람입니다.

상상(想像) : 실제로 경험하지 않은 현상이나 사물에 대하여 마음속으로 그려 봄

<table>
<tr><td>상상 밖의 일 →</td><td>생각 밖 일 ｜ 생각도 못한 일 ｜ 생각조차 못할 일
생각을 벗어난 일 ｜ 생각을 뛰어넘는 일 ｜ 꿈 같은 일</td></tr>
</table>

안녕

우리 집 아이를 보는 어른들은 으레 '바이바이bye-bye' 라는 영어를 씁니다. 아이는 이런 인사말이 영어인 줄 모르고 따라합니다. 옆에서 보던 아빠가 못마땅한 나머지 "잘 가셔요." 하고 말하면 아이는 어느새 "잘 가셔요."라는 말을 따라합니다. 아이보다 서넛이나 너덧 위 언니 오빠들이 아이를 보며 "안녕." 하고 인사를 하면 아이도 "안녕." 하고 따라합니다. 곁에서 지켜보던 아빠가 슬그머니 "또 봐요." 하고 말하면 아이도 스스럼없이 "또 봐요." 하며 따라합니다.

안녕(安寧) : 아무 탈 없이 편안함. 편한 사이에서, 서로 만나거나 헤어질 때 정답게 하는 인사말

<table>
<tr><td>사회의 안녕을 유지하다 →</td><td>사회가 걱정없게끔 지키다
사회에 걱정이 없게끔 지키다
사회가 튼튼하도록 지키다</td></tr>
</table>

안녕, 또 만나자 → 잘 가, 또 만나자 │ 잘 들어가, 또 만나자
살펴 가, 또 만나자

태양

하늘에 뜬 해를 놓고는 '해'라 하기보다 '태양'이라 하면서, 하늘에 걸린 달을 놓고는 딱히 '달' 아닌 다른 이름을 쓰지는 않습니다. 그러나, 영어로 '썬sun'이나 '문moon'을 말하는 사람이 꽤 늘어납니다. 그나마 '썬에너지'라 안 하고 '태양에너지'라 하니 고맙다 해야 할는지 모르겠으나, 우리는 햇빛과 햇볕조차 제대로 가누어 쓰지 못하기 때문에, '햇볕힘' 같은 말마디를 알뜰히 살피거나 살찌우지 못합니다.

태양(太陽) : 태양계의 중심이 되는 항성

태양에너지 → 햇볕에너지 │ 햇볕힘

최상

가장 높으니 "가장 높다"입니다. 가장 낮으니 "가장 낮다"입니다. 가장 나을 때에는 "가장 낫다"예요. 가장 나쁘기에 "가장 나쁘다"입니다.

최상(最上) : 수준이나 등급 따위의 맨 위

최상의 선택이다 → 가장 낫게 고르다 │ 가장 잘 고르다 │ 가장 잘 되다
가장 낫다

완전

"완전 짱이야." 같은 말마디를 쉽게 듣습니다. 어린이도 쓰고 푸름이도 쓰며 어른도 씁니다. 누가 먼저 썼는지 모르겠으나, 이러한 말마디를 곰곰이 되짚는 사람은 몹시 드뭅니다. "아주 훌륭해."라든지 "참 좋아."라든지 "몹시 대단해."라 말하는 사람은 차츰 사라집니다. "완전히 엄마가 된 기분이네." 같은 말마디도 쉽게 듣습니다. "아주 엄마가 된 느낌이네."라든지 "꼭 엄마가 된 듯하네."라든지 "마치 엄마가 된 듯하네."라 말하는 사람 또한 나날이 사라집니다. 우리말은 '아주' '깡그리' '송두리째' '모조리' '온통' '참말로' 우리말다움을 잃습니다.

완전(完全) : 필요한 것이 모두 갖추어져 모자람이나 흠이 없음

완전히 실망이야	➡	매우 실망했어 ┃ 아주 미워 ┃ 너무 안타깝구나 참 안쓰럽구나

가족

한자말이라는 테두리에서는 같으나, '가족'은 일본사람이 쓰는 낱말이고, '식구食口'가 한국사람이 쓰는 낱말입니다. 이와 비슷한 얼개로, '혼인婚姻'과 '결혼結婚'이 있어요. '혼인'이 한국사람 낱말이요, '결혼'은 일본사람 낱말입니다. 그러나, 오늘 우리 삶터를 돌아보면, 한국말인가 일본말인가를 옳게 가르거나 살피지 않습니다. 그냥 아무렇게나 씁니다. 따지고 보면, 일본말만 아무렇게나 쓰지는 않아요. 영어도 어느 곳에나 거리끼지 않고 써요. 이러면서 우리 스스로 우리말을 옳게 쓰거나 바르게 쓰지

는 않습니다. 말을 살리는 넋이나 글을 북돋우는 얼을 생각할 수조차 없이 메마른 우리나라입니다.

가족(家族) : 부부와 같이 혼인으로 맺어지거나, 부모·자식 같이 혈연으로 이루어지는
　　　　　　집단

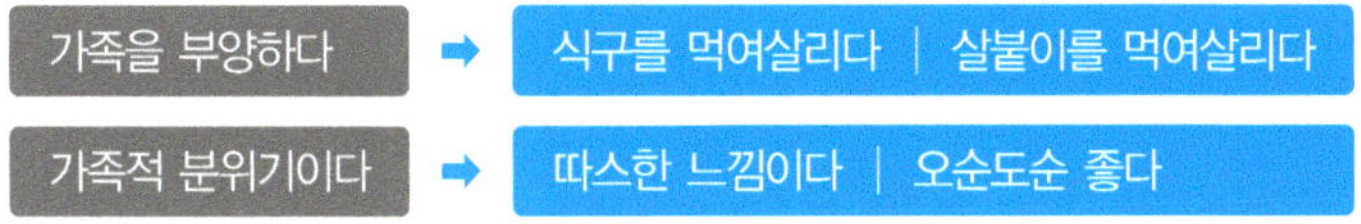

충분

　말을 제대로 살피면 생각을 한결 깊이 할 수 있습니다. 생각을 한결 깊이 하는 사람은 내 삶을 더욱 차분히 일굽니다. 말사랑벗들은 둘레 어른들이 "밥은 충분히 먹었니?" 하고 묻는 말을 더러 들은 적 있나 궁금합니다. 예전에는 어느 어른이든 "밥은 배불리 먹었니?" 하고만 물었습니다. 지난날 어른들은 일터에서 "돈은 넉넉히 받나?" 하고 얘기했으나, 이제는 "보수報酬는 충분히 지급支給되나?" 하고 이야기합니다.

충분(充分) : 모자람이 없이 넉넉함

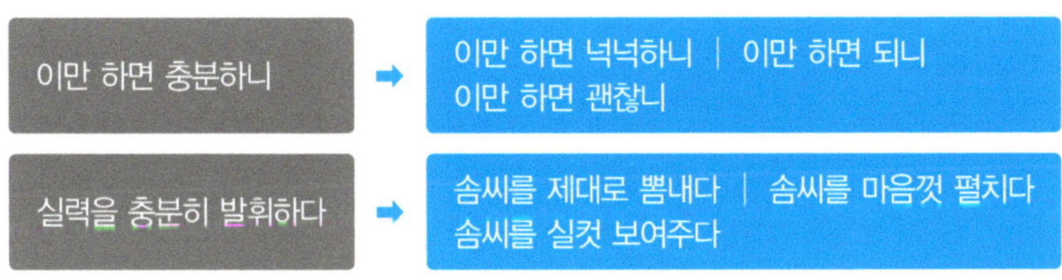

ㄷ. 온갖 영어

　바람이 몹시 부는 한낮, 하늘을 올려다보니 파란 빛깔 하늘에 하얀 빛깔 구름이 퍽 빠르게 흐릅니다. 시골집에서 살아가기에 날마다 멀고 가까운 멧자락이랑, 이 멧자락을 감싸는 하늘을 올려다봅니다. 하늘에 구름 하나 없이 파랑이 물들기만 한 날이 있고, 파란하늘에 알록달록 무늬를 놓듯 하얀 솜털이 곳곳에 무리짓는 날이 있습니다.

　요즈음은 시골이라 하더라도, 한국에서는 파랗디파란 눈부신 하늘을 찾아보기 어렵습니다. 아마, 오늘날 큰도시에서 살아가는 말사랑벗들은 눈부신 파란하늘이란 어떤 하늘인지 잘 모르리라 생각합니다. 나라밖으로, 그러니까 티벳이라든지 뉴질랜드라든지 서사모아라든지 쿠바라든지 핀란드쯤으로 가 본다면, 비로소 눈부신 파란하늘을 볼 수 있겠지요. 티가 없어야 파랗고, 해맑아야 하얗습니다. 공장은 공장대로 많으면서 자동차는 자동차대로 아주 많은 우리나라니까 파랑을 파랑대로 느끼기 어렵고, 하양을 하양처럼 받아들이기 힘들어요. 여름에는 집이나 일터를 춥다 싶게 식히고, 겨울에는 집이나 일터를 덥다 싶게 덥히니 하늘은 하늘빛을 잃고 구름은 구름빛을 잃습니다.

　하늘빛을 잃은 나라에서는 밤에 미리내를 보지 못합니다. 구름빛이 없는 땅에서는 낮에 무지개를 만날 수 없습니다.

　어른들은 미리내를 잃거나 무지개를 잊은 만큼, 더 많은 돈과 더 큰 아파트랑 자가용을 얻습니다. 미리내를 떠나 보내거나 무지개를 잠재우는 만큼, 더욱더 세계화에 기울어지고 영어바다가 되도록 뒤덮습니다.

말사랑벗뿐 아니라 말사랑벗을 낳아 함께 살아가는 어버이들이 몹시 바쁩니다. 몹시 바쁜 나머지 하늘을 올려다보지 못합니다. 땅을 내려다보지 못합니다. 바람이 불 때에 겨울에는 찬 기운을, 여름에는 더운 느낌을, 봄과 가을에는 시원하거나 서늘한 느낌을 맞아들이지 못합니다. 땅을 밟으며 가만히 쪼그려앉아 흙을 만진다든지, 흙길을 줄줄이 오가는 개미나 뭇벌레를 내려다본다든지 할 겨를이 없습니다. 바다나 냇가나 골짜기는 한여름 방학이나 휴가 때에만 찾아가는 곳으로 잘못 알고 맙니다. 조개 잔뜩 넣은 칼국수를 값싸게 사먹기는 해도, 막상 갯벌에 들어가 조개를 캐는 삶이 어떠한지를 헤아리지 못해요. 이에 앞서, 밥을 먹건 빵을 먹건 쌀이나 밀이 어떠한 곳에서 어떠한 사람이 어떠한 땀을 흘리며 일구어 거두고 털어 갈무리하는가를 깨닫지 않습니다.

오늘 수많은 사람들이 이야기를 나누거나 글을 쓸 때에 온갖 영어를 참 아무렇지 않게 쉬 섞곤 합니다. 사진을 찍으니 사진기이지만 으레 ‘카메라’라 이야기합니다. 서로 모여 공부를 하면서 ‘스터디’를 한다 말합니다. 뜻이 맞는 동무들이 모여서 한 가지 놀이나 일을 즐기는데 동아리 아닌 ‘서클’이나 ‘클럽’을 한다고 합니다. 어른들은 말사랑벗한테 책을 읽히려 하면서 ‘북쇼’를 한다고 떠들썩합니다. 초·중·고등학교 가운데에는 ‘English zone’을 만든 곳이 꽤 됩니다.

학교를 다니며 역사 수업에서 배운 적 있는지 모르겠습니다. 지난날 우리나라가 일본제국주의 총칼에 짓눌리던 때 ‘조선말을 섣불리 쓰다’가는 흠씬 얻어맞거나 벌을 받았습니다. 학교에서 조선말을 쓰든 집이나 마을

에서 조선말을 쓰든 빨갱이라든지 나쁜 놈이라며 손가락질을 받고 푸대접을 받으며 뭇매를 맞았습니다. 그런데, 이제 우리는 영어를 버젓이 쓸 뿐 아니라, 학교에서는 '영어만 써야 하는 교실이나 골마루'를 마련할 뿐 아니라, 공문서에 영어를 함께 쓰기까지 하고, 대학교나 회사에 들어가자면 영어를 아주 잘 해야 할 뿐더러, 토익이나 토플 점수를 내야 하기도 합니다. 학교에서든 회사에서든, 또 관공서에서든 동네에서든 집에서든, 우리말을 옳고 바르며 알맞고 손쉽게 쓰도록 이끌거나 살피는 사람은 없습니다. 우리말이야 엉터리로 하든 멍텅구리처럼 하든 아랑곳하지 않아요.

영어를 배워야 하면 배워야 합니다. 영어를 배우려면 잘 배워야 합니다. 허투루 배운다든지 겉치레로 배울 영어가 아닙니다. 한문을 배울 때에도 옳게 잘 배워야 합니다. 엉터리로 배울 한문이 아닙니다.

어린이부터 어른까지 옳고 알맞으며 슬기롭게 배울 우리말이요 영어이며 한문입니다. 세 갈래 말이 모두 다른 줄 제대로 깨달으면서, 우리말은 우리말답게 배우고 영어는 영어답게 배우며 한문은 한문으로 배워야 합니다. 우리말은 우리말 결과 느낌을 살리면서 우리 이웃하고 나누고, 영어는 영어 무늬와 말투를 북돋우면서 나라 안팎에서 외국사람을 마주할 때에 쓰며, 한문은 한문 깊이와 너비를 헤아리면서 옛책을 찾아 읽을 때에 잘 써야 합니다.

어디에서 어떻게 써야 하는가를 바르게 짚어야 합니다. 아무 데에서나 어리숙하게 써서는 안 되는 말입니다. 찬찬히 생각을 기울이고, 가만히 사랑을 쏟으며 주고받을 말입니다. 말사랑벗들이 영어를 영어답게 슬기롭게 배우면서, 영어를 써야 하는 자리에 제대로 쓸 수 있으면 기쁘겠습니다.

미팅 · 로망 · 러브 · 노크 · 미니벨로

좋은 사람을 <u>사귈</u> 수 있다는 <u>달콤한</u> 꿈을 안습니다. <u>사랑하는</u> 짝지를 찾아 마음문을 <u>똑똑 두드립니다</u>. <u>작은자전거</u>를 사뿐사뿐 달리면서 골목길을 천천히 지나갑니다. 만나고, 꿈꾸며, 사랑합니다.

콘셉트 · 싱글 · 스케일 · 서클 · 풀

좋은 <u>생각</u>을 알맞게 품습니다. 슬기로운 <u>길</u>을 살피며 알맞춤한 생각을 살핍니다. <u>혼자</u>서도 살피고 여럿이서도 헤아립니다. <u>커다란</u> 꿈을 꾸기도 하지만 조그마한 꿈을 보듬기도 합니다. <u>동아리</u>를 짓기도 하고, <u>모임</u>을 이루기도 합니다. <u>가득가득</u> 채울 수 있는 꿈이면서, 꼭 한 가지를 이루어도 아름다운 꿈입니다.

라이프 · 스타일 · 마스터 · 오버 · 매뉴얼

내 삶을 사랑하듯 네 삶을 사랑합니다. 내가 살아가는 몸가짐을 아리따이 돌보듯이 네가 살아가는 매무새를 아리따이 보살핍니다. 올바르게 익히고 빈틈없이 가다듬습니다. 물샐틈없이 갈고닦을 수 있으나, 자칫 지나칠 수 있으니 잘 살펴야 합니다. 애써 익힌 내 삶결이요 몸짓이라 한다면, 차근차근 길잡이를 마련해 봅니다. 나와 함께 이 길을 거닐 좋은 벗님하고 더욱 기쁠 수 있도록 나부터 길동무가 됩니다.

코너 · 모자이크 · 메시지 · 셀프 · 쇼

골목길 한쪽 구석에 울긋불긋 무늬가 새겨지곤 합니다. 길가 너른 한켠에 바둑무늬 같고 그물무늬 같은 그림이 그려지곤 합니다. 그림 하나이든 오줌 자국 하나이든 저마다 담긴 이야기가 있습니다. 다 다른 이야기를 다 다른 결에 담습니다. 나 스스로 하는 일이기도 하지만, 남들 보라고 짐짓 꾸미는 일이기도 합니다. 스스로 즐거웁기에 기쁜 잔치일 수 있고, 여럿이 흐뭇하도록 재미난 놀이마당일 수 있습니다.

유머 · 심플 · 대시 · 럭셔리 · 스크랩

웃기는 말은 쉽습니다. 단출한 말마디 하나로 웃기고 울립니다. 부딪히면서 살아갑니다. 가멸찬 살림이어야 아름답지 않습니다. 좋은 사람들 좋은 살림살이를 가만히 살펴보며 배웁니다. 좋은 손길을 갈무리하여 내 삶자락에도 살포시 깃들입니다. 쉽고 가벼우면서 재미난 하루하루를 복닥복닥 알차게 맞아들입니다.

한 걸음 걷다가 멈추고, 두 걸음 내딛다가 그칩니다. 흉내를 내기도 하지만, 당차게 내 모습을 드러내기도 합니다. 내 옷차림은 내 옷차림이기에 좋습니다. 애써 다른 사람 옷차림에 눈치를 두지 않습니다. 내 마음대로 차리고, 내 마음껏 돌보며, 내 마음결을 보듬으면서 살아갑니다. 수수께끼를 풀듯 하루하루 새롭게 맞이하면서 살아갑니다. 알쏭달쏭하면서 언제나 새삼스러운 하루하루 고맙게 누립니다.

깊어 가는 밤 까무룩 곯아떨어지는 아이를 바라봅니다. 아이하고 힘겨루기라도 하려는 듯 지낼 수 없습니다. 맞수 아닌 사랑이요 살붙이인 아이입니다. 저마다 아이 낳아 키우는 삶이 고단해서 자그맣게 모임을 꾸려 인터넷으로 이야기꽃을 피우기도 하고 생각을 주고받습니다. 죽도록 고단하지만 또, 죽을 만큼 괴롭지는 않으며, 죽도록 고단하기에 밖으로 뛰쳐나가고프다가도, 어쩌면 이런 나날인 터라 아이를 키우며 함께 살아가는 보람을 누립니다. 좋아요. 참 좋습니다. 아이를 돈벌이 하자고 낳았겠습니까. 아이 장사를 하자며 낳는가요. 출산장려금이란 참 쓸데없습니다. 그저, 우리 아이 사랑스레 살아가도록 예쁜 터전을 지켜 주셔요.

아이는 날마다 새말을 배웁니다. 오늘 아침 일찍 깨어난 아이한테 "잘 잤어요?" 하고 물으니 거침없이 "네!" 하고 외칩니다. 아, 예뻐라. 이 아이는 제 어버이한테서 좋은 넋을 속속들이 받아먹을 테니까, 어버이 되는 사람은 조그마한 사랑을 웃음꽃 피우면서 나누어야겠다고 새삼 다짐합니다. 두 다리로 씩씩하게 거닐며 우리가 걷는 이 길가에 흐드러진 꽃누리를 즐거이 바라보며 껴안는 매무새를 지키고, 아이 스스로 뚜벅뚜벅 신나게 거닐 만한 멧골자락 살림을 기쁘게 돌보아야겠습니다.

그린 · 다운로드 · 리스트 · 파이팅 · 시스템

푸른 들판을 꿈꿉니다. 푸른 들판이 찾아들고 흐드러지는 봄과 가을에는 이 푸름누리를 내 가슴속 깊이 곱게 내려받습니다. 하늘이 내려주고 땅이 내려주는 반가운 보배입니다. 꽃이름을 알든 모르든 하나하나 읊습니다. 찬찬히 아로새깁니다. 사람이 붙인 이름이 있건 없건 힘을 내어 뿌리를 내리고, 힘을 쏟아 줄기를 올리는 들풀입니다. 자연이라는 누리는, 터전은, 보금자리는, 그야말로 아름다운 얼거리입니다.

쿨 · 알레르기 · 커버 · 이미지 · 타월

능금 한 알을 깎습니다. 한 알로는 모자랄까 싶어 한 알 더 깎습니다. 아침나절 먹는 능금은 시원합니다. 입안이 개운해집니다. 내 아이는 나만 깨끗하게 살아간다고 깨끗할 수 없기에, 왜냐하면 이 지구별과 한국땅은 숱한 항생제와 화학조합식으로 찌들었기에, 얼굴에 두드러기꽃이 핍니다. 슬프지만 고스란히 받아들여야 합니다. 껍데기를 씌워 가릴 수 없고, 뚜껑으로 덮을 수 없습니다. 가만히 그려 봅니다. 마음으로 그림을 그립니다. 모시나 무명으로 된 천을 소금물로 적셔 아이 얼굴을 살며시 닦아 주면서 꿈 같은 그림을 그립니다. 도시란 도시가 모두 논밭 일구며 푸나무 싱그러운 푸른터가 되는 꿈 같은 그림을 그립니다.

아마추어 · 뮤직 · 센스 · 스트레스 · 플레이

오늘 쓴 글을 열 해쯤 뒤에 돌아보면 어떤 느낌일까요? 참말 풋내기가 쓴 글이라고 느낄까요? 결 고운 노래를 들을 때면, 이 결 고운 노래는 열 해이고 스무 해이고 노상 결이 곱다고 느낍니다. 참 알뜰한 마음으로 빚은 노래요, 참 빛나는 가슴으로 이룬 노래입니다. 마음 구석구석 깃들던 짜증스럽던 찌꺼기는 그예 사라지고, 숱한 앙금이 지워집니다. 즐겁게 살아가요. 신나게 뛰어요. 활짝 웃어요, 마음껏 달려요.

스토리 · 사이즈 · 제로 · 브레이크 · 리플

내 이야기는 내 이야기라서 아름답습니다. 말사랑벗 이야기는 말사랑벗 이야기라서 아리따와요. 내 이야기는 좁달막한 속알맹이로 이루어진 나머지 얄딱구리하거나 어설픈는지 모릅니다. 아주 밑바닥 빵점짜리일는지 모릅니다. 그래, 밑바닥이면 밑바닥이라서 좋고 빵점짜리라면 빵점짜리라서 좋아요. 저는 제 삶에 점수를 매기지 않거든요. 자꾸자꾸 멈추어야 하거나, 이래저래 걸리면서 붙잡아야 한다면, 아이구나 등허리가 쑤십니다. 새벽에 일어나 글을 조금 더 쓰고 싶으나 아이가 일찍 일어나서 함께 놀자 하면 어떻게 이 글쓰기를 그쳐야 하느냐, 더 붙잡아야 하느냐 망설입니다. 하는 수 없이 얼추 마무리짓고 나중에 덧보탭니다. 덧달아서 씁니다. 온글보다는 덧글입니다. 늘 덧붙이면서 새로 써야 할 글입니다.

콩콩콩 뛰듯이 달리는 아이를 바라보며, 아버지로서 나는 내 걸음이 왜 이리 묵직하기만 할까 싶어 쓸쓸합니다. 나 또한 아이 마음으로 살포시 접어들지 못하기 때문이겠지요. 짐을 훌훌 내려놓고 살가운 빛누리로 들어서지 못하기 때문일 테지요. 가장 손꼽을 만한 느긋한 삶이어야 콩콩콩 뛰는 삶이 아닙니다. 네모난 틀이어도 좋고 세모진 틀이어도 좋으나, 아무런 틀이 없어도 좋은 삶입니다. 가벼이 손을 잡고 홀가분히 어깨동무를 하는 겨를을 즐기면 됩니다. 말미를 얻어 책을 읽고, 틈을 내어 사진을 찍으며, 짬을 빚어 밥을 짓고 사랑을 나눕니다.

셈틀을 켤 틈이 거의 없다 보니까 공책을 씁니다. 볼펜을 들어 공책에 일기를 쓰듯 글을 씁니다. 아이는 아버지 곁에서 "공부!"라 외치며 글쓰기를 흉내냅니다. 공부라는 말은 누구한테서 배웠는지 아리송합니다. 공부한다는 아이는 작은 수첩에 꼬물꼬물 줄 맞추어 그림을 그립니다. 텅 빈 수첩이 꼬물그림으로 가득합니다. 알궁둥이처럼 말랑말랑하다 싶은 예쁘장한 꼬물그림입니다. 이런 예쁜 꼬물그림은 제도권 학교에서 틀에 박힌 그림을 배운다면 금세 사라지겠지요. 교과서는 홀가분히 춤추는 그림을 내버려두지 않으니까요. 아이 눈높이에 맞추지 않는 교과서이고, 따지고 보면 어른 눈높이에도 안 맞는 교과서입니다. 참 아니올시다예요. 그래도 이런 학교에서 이런 교과서로 숱한 아이들이 배움을 나눈다고 합니다. 배움누리나 배움터 아닌 학교에서 교과서 지식만 가득 쌓습니다.

　인터넷책방에서 책을 사며 점수를 쌓는 사람들이 늘면서 동네책방은 사라집니다. 참 멋진 일일까요? 인터넷책방이란 택배값 없이 그날그날 집에 드러누워 받아볼 수 있는 책방이니 훌륭할까요? 누가 이런 생각을 해내서 돈벌이를 할까요? 거저로 그날 보내 주는 책을 파는 인터넷책방은 어디에서 돈을 벌까요? 제 가락을 잃는 삶으로 책만 들여다본다고 무슨 빛을 보며 어떤 꿈을 이룰까요? 멧골자락에서 살아가며 책방마실이 만만하지 않지만, 읍내 작은 책방으로 찾아가 책 하나 사들인 다음 천천히 읽으며 빈자리에 내 생각을 가만가만 적바림합니다.

　말썽을 부리는 아이는 치마 입기를 좋아합니다. 에휴, 아이가 부리는 말썽이란 어른인 제가 보기에 말썽이지만, 아이로서는 이렇게도 놀고프고 저렇게도 놀고프면서 하루하루 무럭무럭 자라나는 삶일 테지요. 아이가 갓난쟁이였을 때에는 아이가 무얼 알아서 똥오줌을 가리나요. 그저 나오는 대로 마려운 대로 싸겠지요. 어버이는 이 모두를 기꺼이 받아들이며 웃는 낯으로 치울 노릇입니다. 딸아이는 치마를 한 벌 입고도 또 껴입는다며 칭얼댑니다. 참 딱합니다. 겨울날 추운 날씨라면 그러려니 봐주지만 더운 날씨에는 치마 입기 말리느라 애먹습니다. 아이야, 치마가 아무리 좋아도 한 벌만 입자꾸나. 너무 많이 껴입으면 너한테 좋을 일이 없단다. 게다가 아빠도 빨래하기 너무 힘드네. 힘이 다 빠지네. 아빠도 좀 봐주렴.

팀 · 바이바이

무리를 짓는 사람들이 있습니다. 슬기를 모으고자 무리를 짓기도 하지만, 웅성웅성 떼를 지으며 엉뚱한 힘을 부리기도 합니다. 무기를 든 평화는 달갑지 않습니다. 총칼을 들거나 주먹을 흔들거나 몽둥이를 휘두르는 평화는 평화가 아닙니다. 모두 모두 잘 가 주시면 좋겠습니다. 쇠붙이도 가고 손찌검도 가며 돈뭉치도 멀리멀리 가 버리면 고맙겠습니다.

ㄹ. 군더더기 고사성어

　'고사성어故事成語'는 "옛이야기에서 유래한, 한자로 이루어진 말"이라고 합니다. '故事'란 "옛일"이요, '成語'란 "만든 말"이에요. 그러니까 이 한자말 그대로 "옛일을 바탕으로 만든 말"이 '고사성어'인데, 이들 고사성어는 온통 중국이라는 나라에서 중국 옛일을 바탕으로 한자로 지은 한문입니다.

　중국사람이 중국이라는 나라에서 살아가면서 지은 낱말이 고사성어라 생각한다면 이러한 낱말은 하나도 얄궂지 않습니다. 중국사람이니 중국사람 글인 한자로 낱말을 지어야 마땅하고, 이렇게 지은 낱말을 널리 써야 알맞습니다.

　지난날 한겨레 어른들을 돌아본다면, 지난날 한겨레 어른들 가운데 권력을 움켜쥐거나 지식을 쌓던 이들은 토박이말을 한글이라는 그릇에 담지 않았습니다. 지난날 한겨레 어르신들은 언제나 한문으로 지식 권력을 움켜쥐었고 당신 생각을 나누었으며 이 나라 정치와 경제와 문화를 이끌었습니다.

　오늘날 우리들 살아가는 모습을 생각해 봅니다. 오늘날 공무원이든 교사이든 여느 어른이든, 또 푸름이이건 어린이이건, 우리말답다 싶은 우리말로 생각을 나누면서 이러한 생각을 한글이라는 그릇에 알뜰히 담는 사람은 퍽 드물다고 느낍니다. 우리는 틀림없이 한겨레이지만, 한겨레답게 한겨레 말과 글을 아낀다고 느끼기 힘듭니다.

영어를 배운 사람들이 영어로 생각하며 영어로 말하듯, 한문을 배운 사람들은 한문으로 생각하며 한문으로 말할 만합니다. 영어 숙어이든 고사성어이든, 이러한 말마디를 지식으로 갖춘 사람들은 얼마든지 쓸 수 있습니다. 왜냐하면 영어 숙어와 고사성어를 배우는 만큼, 막상 이 나라 사람들이 예부터 익히 주고받으면서 이어온 여느 우리말은 모르기 때문입니다.

가가호호

집집마다 사람들이 다 다르게 살아갑니다. 집집이 다 다른 빛깔로 다 다른 이야기를 꽃피웁니다.

각양각색

온갖 모양 꿈을 꿉니다. 온갖 모습으로 살아갑니다. 온갖 빛깔이 아름다이 어우러집니다. 한 가지 꿈이나 모습이나 빛깔도 좋습니다. 갖은 꿈이나 모양이나 삶도 좋습니다.

감언이설

달콤한 말을 하는 사람이 많습니다. 달짝지근한 말로 꼬이려는 사람이 많습니다. 사탕발림을 하거나 손바닥 살살 비비는 사람이 많습니다. 눈을 홀리고 귀를 홀리며 마음을 홀리는 사람이 많아요. 단것을 좋아하면 단말에 이끌리며 그예 내 삶을 놓칩니다.

거두절미

잘라야 할 때는 잘라야 합니다. 딱 잘라 말해야 하지요. 손사래 쳐야 할 때에는 손사래를 쳐야 하지요. 단출하게 말하고, 간추려 말하며, 똑똑 끊어서 할 말을 해야 합니다.

고립무원

오늘날은 곧은 길을 걷는 사람이 외롭습니다. 착하게 살아가려는 사람이 외딴섬처럼 되고 맙니다. 외톨이가 되는 참된 사람이 많으며, 쓸쓸하게 입맛을 다시는 고운 사람이 많아요. 그러나, 착한 길과 참된 넋과 고운 손길을 버릴 수 없어요. 착한 사람은 하나도 외롭지 않고, 참다운 사람은 조금도 쓸쓸하지 않으며, 고운 사람은 어느 모로 보더라도 외톨박이가 아닙니다.

아이들한테 한자를 일찍부터 가르치면 아이들은 한자를 일찍부터 잘 받아들입니다. 아이들한테 곱고 알맞으며 사랑스러운 우리말을 일찍부터 가르치면 아이들은 곱고 알맞으며 사랑스러운 우리말을 일찍부터 잘 받아들입니다.

어른들은 너무 바보스럽습니다. 아이들은 영어이든 일본말이든 한자이든 우리말이든 가르치는 대로 차근차근 받아먹습니다. 일찍부터 가르치니 영어도 잘하고 한자도 잘하겠지요. 그러니까 일찍부터 바르며 곱고 착한 우리말을 가르친다면, 아이들이 일찍부터 바르며 곱고 착한 우리말을 알뜰살뜰 쓰겠지요.

아이들이 어릴 때에 지식을 많이 가르치면 아이들로서는 지식을 많이 거느립니다. 아이들이 어릴 때에 신나게 놀도록 하되, 컴퓨터게임으로 신나게 노는 삶이 아니라 멧길을 타고 들판을 달리며 바다를 가르고 논밭을 일구면서 신나게 놀도록 한다면, 아이는 몸이 튼튼하게 자랍니다. 튼튼한 몸으로 자라난 아이들은 나중에 저마다 좋아하는 길을 찾기 마련이고, 튼튼한 몸으로 살아가는 아이들은 나중에 저마다 좋아하는 길을 신나게 갈고닦으려고 마음을 쏟습니다. 몸이 튼튼하니 마음도 튼튼하고, 몸이 튼튼하기에 한결 알차며 씩씩하게 배웁니다.

어린 나날에 풀과 꽃과 나무를 사랑하면서 벌레와 짐승과 물과 햇볕을 아끼도록 이끄는 어버이라 한다면, 어버이부터 뭇 풀과 햇볕을 아낄 뿐 아니라, 아이들은 온몸과 온마음으로 삶사랑과 환경사랑과 사람사랑을 깨닫습니다.

굳이 고사성어나 사자성어 같은 중국말(한문)을 우리 아이들한테 지식으로 집어넣어야 할까 궁금합니다. 외국말로 중국말을 가르치는 일은 좋습니다. 외국말로 영어나 일본말을 가르치는 일도 좋습니다. 다만, 지식으로 가르쳐서는 안 됩니다. 살아가며 좋은 길동무가 되는 슬기를 빛낼 외국말로 가르쳐야 합니다.

공수래공수거

빈손으로 오니 빈손으로 갑니다. 가벼운 몸이요 홀가분한 삶입니다. 꾸밈없을 하루이며 거짓없는 나날입니다.

교언영색

알랑방귀는 구린내가 납니다. 손바닥을 비비는 사람은 불쌍합니다. 스스로를 갉아먹을 우리들이 아니라, 스스로를 빛내며 서로를 아낄 사랑으로 살아야 할 우리들입니다.

구사일생

가까스로 살아나면 목숨이 얼마나 소담스러운가 깨닫는답니다. 그렇지만 겨우 목숨을 건졌는데 얄딱구리한 삶을 놓지 못하기 일쑤입니다. 나부터 좋은 나날을 일구면서 아름다운 삶을 맞아들여야 합니다.

극악무도

끔찍한 짓을 저지르는 사람도 맨 처음에는 귀여운 아기였을 테지요. 왜 우리는 깜찍한 아기에서 끔찍한 어른으로 탈바꿈을 하고 말까요. 무시무시한 짓을 일삼는 사람도 티없는 어린이 나날을 보냈겠지요. 아, 우리는 나부터 나를 사랑하면서 내 아이와 이웃 아이 모두를 사랑할 사람이어야 할 텐데요.

금과옥조

금이야 옥이야 하고 다루기만 하면 되레 망가진다고 했습니다. 어쩌면 금이야 옥이야 하고 아낄 보배나 아이가 아니라, 풀이야 나무야 하면서 사랑할 아이라 할는지 모릅니다. 금이든 옥이든 돈입니다. 내 목숨도 아이 목숨도 동무와 이웃 목숨도 돈으로 따질 수 없습니다. 나무 한 그루 꽃 한

송이 또한 돈으로 값을 잴 수 없습니다. 들풀처럼 보살피고 멧나물처럼 보
듬을 고마운 벗님입니다.

아이들은 제 어버이나 둘레 어른이 하는 말을 귀담아들으면서 말을 배
웁니다. 어른들이 착하게 말하면 아이들도 착하게 말합니다. 어른들이 높
임말을 즐겨쓰면 아이들도 높임말을 즐겨씁니다.

높임말이란 나와 마주한 사람을 높이는 말이라고만 흔히 생각하지만, 높
임말이란 나와 마주한 사람에 앞서 나 스스로를 높이는 말입니다. 낮춤말
은 나와 마주한 사람을 낮추는 말에 앞서 나 스스로를 낮추는 말입니다. 이
리하여 막말이란 남을 깎아내리는 말이 아닌 나를 깎아내리는 말입니다.

아이들이 스스로를 높이거나 사랑하거나 아끼기를 바랍니다. 말사랑벗
님이 말사랑벗님 스스로를 높이거나 사랑하거나 아낄 수 있기를 바랍니
다. 다 함께 착하고 참다우며 곱게 살아가면 기쁘겠습니다.

기고만장

콧대가 높은 사람이 많고, 잘난 척하는 사람이 많으며, 자랑하거나 우쭐
거리는 사람이 많습니다. 어깨를 들썩들썩해 본들 얼마나 높아질까 궁금
한데, 참으로 나를 사랑하는 사람은 남부끄러운 줄 압니다.

기왕지사

어차피 하는 일이 아닙니다. 하루하루 고맙게 살아가면서 기쁘게 하는
일입니다. 같은 값이면 진달래빛 치마를 입는다지만, 같은 값이기에 앞서

예쁘기에 진달래빛 치마에 눈길이 갑니다.

난공불락

건드릴 수 없는 일이 있습니다. 넘보아서는 안 될 대목이 있습니다. 지키고 싶기에 누구도 다가서지 못할 울타리를 쌓고 맙니다.

남녀노소

어린이부터 늙은이까지 골고루 즐길 수 있는 이야기라면 한결 신나거나 아름다우리라 생각합니다. 어린이부터 늙은이까지 두루 읽을 수 있는 책이라면 더욱 알차거나 사랑스러우리라 생각합니다. 모든 사람이 아낄 만한 문화나 예술이 있는지 궁금한데, 누구나 사랑할 만한 문화나 예술이라면 바로 삶이 아닌가 싶습니다.

다사다난

스웨덴에서 1968년에 만든 연속극 「말괄량이 삐삐」를 보면, 삐삐가 아니카한테 "올라가면 내려가는 법"이라고 말합니다. 뚜껑 없는 자동차를 기름 안 넣고 달리다가는 하늘을 훨훨 나는 삐삐랑 아니카랑 토미는 신명 나게 하늘길을 달리다가는 차츰차츰 땅으로 내려옵니다. 올라갔으니 내려오고, 기쁜 일에 이어 궂은 일이 찾아들며, 힘든 일이 지나니 반가운 일이 찾아옵니다. 말도 일도 탈도 많은 하루하루입니다.

꽤 많은 사람들이 텔레비전을 켜서 "우리말 달인 되기" 같은 방송을 봄니다. "우리말 달인 되기"를 다루는 이야기책도 꽤 많습니다.

그렇지만 정작 "우리말 달인"이든 "우리말을 잘하는 사람"이든 어떠한 사람인지를 옳게 헤아리지 못한다고 느낍니다.

우리말을 잘 못하는 사람이 있을까요. 아니, 우리들은 우리말을 잘 못할 수 있는가요. 우리 스스로 우리말을 잘 못한다면 어떻게 될까요. 아니, 우리 스스로 늘 우리말을 주고받는데, 우리가 잘한다거나 못한다는 우리말이란 무엇일까요.

아무도 안 쓰지만 국어사전에 적힌 죽은 낱말을 머리속으로 왼다 해서 우리말을 잘하는 사람이 아닙니다. 갖은 한자말이나 고사성어를 줄줄 꿴다 해서 우리말을 빼어나게 하는 사람도 아닙니다. 내 넋과 마음을 누구나 살가이 받아들이며 나눌 수 있도록 보드라이 말하며 어여삐 글쓸 줄 알 때에 비로소 말을 잘하는구나 하고 이야기할 만합니다.

대경실색

제가 아는 사람 가운데 '대경'이라는 이름을 쓰는 누나가 있습니다. '대경실색' 같은 말을 들으면 꼭 그 누나가 떠오릅니다.
참말 '대경실색'이란 뭘까 아리송합니다. 얼굴이 질리다, 얼굴이 하얗게 질리다, 얼굴이 파리해지다, 몹시 놀라다, 크게 놀라다, 깜짝 놀라다, …… 우리말은 많고도 많습니다.

대동소이

아이들은 "무엇이 무엇이 똑같을까" 하는 노래를 부릅니다. '똑같다' 가 우리말이기 때문입니다. "무엇이 무엇이 대동소이할까" 하고 노래부르는 어린이는 없습니다. 뭐, 똑같지 않다면 닮았을 테고, 닮았다면 비슷할 테며, 조금 비슷하거나 엇비슷하거나 어슷비슷할 수 있겠지요.

동고동락

괴로움도 즐거움도 함께하는 사람이란 고운 벗입니다. 남들이 나하고 괴로움과 즐거움을 함께하기 바라기 앞서, 나부터 내 고운 벗님하고 괴로움과 즐거움을 함께하면 됩니다. 서로 한솥밥을 먹는 삶이라면 괴로움과 즐거움을 늘 같이하는 셈입니다.

동병상련

똑같이 아플 때에 비로소 얼마나 아픈가를 깨닫습니다. 곰곰이 따지면, 머리(지식)로는 아픔을 나눌 수 없습니다. 참말 내 몸 어디가 부러지거나 찢어져 보아야, 몸이 아픈 사람을 느껴요. 대식증과 거식증이라는 어려운 이름이 붙는 아픔도 있는데, 밥을 못 먹거나 밥먹기를 내 마음대로 가누지 못하지 않고서야 이런 일 때문에 아파하는 사람 마음이 될 수 없습니다. 여러 날 밥 한 술 못 뜨며 굶주릴 때에야 굶주리는 사람 마음을 읽고, 배가 띵띵 부르도록 먹어 보아야 배부르니까 참말 아무것도 못하거나 아무 생각 못하면서 '배부른 사람이 이웃을 사랑하지 못하는' 까닭을 알아챕니다.

동분서주

바쁘니까 뜁니다. 바쁘니까 학교 골마루에서 뜁니다. 교사들은 뛰지 말라고만 말하지만, 막상 교사인 당신이 바쁠 때에는 누구나 헐레벌떡 뛰거나 달립니다.

말은 꽃이 되기도 하지만 화살이 되기도 합니다. 말이 꽃이 되면 말꽃이고, 말이 화살이 되면 말화살입니다. 말은 나무나 구름이나 바람이 되기도 하지만, 말은 칼이나 총이나 회초리가 되기도 합니다. 말을 하는 사람 매무새와 마음에 따라 말은 늘 사뭇 달라집니다.

우리들 누구나 말사랑을 할 수 있지만, 우리들 누구나 말미움을 할 수 있어요. 말마디로 말믿음을 나눌 수 있겠지요. 그렇지만 말죽임 또한 할 수 있어요.

말 한마디로 사람을 살리고, 말 한마디로 동무를 죽입니다. 말 한마디로 서로를 아끼면서, 말 한마디로 서로를 깎아내립니다. 생각하면서 쓸 말입니다. 사랑하면서 나눌 말이에요.

두문불출

집에서만 지내는 사람들이 '방콕'이라는 새말을 빚습니다. '방에 콕 박힌다' 해서 '방콕'입니다. 언뜻 보기에는 우스꽝스러운 말장난이지만, 가만히 보면 잘 빚은 말놀이입니다. 왜냐하면 예부터 우리 겨레는 '집순이 – 집돌이' 하고 '방순이 – 방돌이'라는 말을 썼습니다. 집에서만 지내는 여자이기에 집순이요, 집에서 나올 줄 모르는 남자이기에 집돌이라 했어요.

마이동풍

소 귀에 대고 책을 읽어 보았자 못 알아듣는다고 했습니다. 그러나 소도 저한테 말을 걸어 주는 사람을 좋아합니다. 소도 말귀를 알아들어요. 그런데 사람들은 사람끼리 말을 섞으면서도 못 들은 척하거나 한귀로 흘리곤 합니다. ‘귀담아듣기’를 하면 좋으련만 ‘흘려듣기’를 하는 사람이 너무 많습니다.

막무가내

저 하고픈 대로만 하려는 사람이 어김없이 있습니다. 정치를 하는 이들이 이와 같다면 독재자라 합니다. 독재자는 예나 이제나 순 억지를 부리는 사람입니다. 어거지를 쓰는 이들입니다.

만사형통

모든 일이 잘 풀리면 얼마나 좋을까요. 모든 일이 뜻한 대로 잘 된다면 얼마나 기쁠까요. 그러나 막히다가도 뚫리고, 안 되다가도 되는 사람살이가 아닌가 싶습니다.

망연자실

더없이 큰 슬픔 때문에 넋을 잃는 사람이 있습니다. 멍하니 넋이 나가는 사람이 있습니다. 멀거니 바라볼 뿐 제 넋을 못 차리는 사람이 있습니다.

내가 사랑을 담아 말을 건넨다 해서 반드시 사랑을 담은 말이 돌아오지는 않습니다. 내가 누군가한테 사랑을 담아 말을 건넨다 할 때에는 누구보다 나 스스로를 사랑한다는 뜻입니다. 내 둘레 사람들이 내 사랑을 받아들여 주지 않는달지라도, 나는 나를 사랑해야 합니다. 나부터 나를 아끼고 사랑하면서, 나부터 고우며 맑은 기운을 내 둘레에 살포시 나누어 주어야 즐겁습니다.

보아 주는 이가 있건 없건, 길섶 풀포기 하나를 알뜰히 사랑하면 됩니다. 알아주는 이가 있든 없든, 무지개를 사랑하고 흰구름을 사랑하면서 우리 집 작은 텃밭 푸성귀를 알뜰히 일구면 즐겁습니다.

내 입에서 늘 해맑은 노랫소리 같은 말마디가 흘러나올 수 있도록 하루하루 내 삶을 가다듬으면서 추스릅니다. 내 손에서 늘 티없이 어여쁜 글줄이 춤출 수 있게끔 언제나 내 넋을 다스리면서 보살핍니다.

명약관화

뻔한 일은 불을 보지 않아도 뻔합니다. 환한 일이니 환합니다. 틀림없는 일은 틀림없습니다. 뚜렷한 일은 뚜렷합니다.

목불인견

차마 눈 뜨고 보아주기 어려운 일이 있습니다. 그예 눈 질끈 감고픈 일이 있습니다.

무궁무진

끝없는 사랑이고, 가없는 사랑이며, 그지없는 사랑입니다. 너른 사랑이요, 깊디깊은 사랑이자, 넉넉한 사랑입니다.

무사태평

근심걱정 없는 사람이란 홀가분한 사람이기도 하지만, 참 속없는 사람이기도 합니다. 때에 따라서는 한갓지게 살아갈 수 있겠지요. 아무리 바쁘거나 힘들어도 느긋할 수 있겠지요. 근심어린 일이 많달지라도 근심 털며 살 수 있고, 걱정어린 일이 넘친달지라도 걱정 씻으며 살 수 있어요.

무풍지대

조용한 곳이 있습니다. 말썽도 골칫거리도 없이 고요한 곳이 있습니다. 참 고즈넉하며 바람 없는 데가 있습니다. 바람이 잠든 곳이라 할는지, 바람이 죽은 곳이라 할는지, 참으로 아늑한 보금자리가 있습니다.

갓난쟁이한테 말을 가르치려는 어버이나 어른은 갓난쟁이한테 아무 말이나 쓰지 않습니다. 어린이가 말 익히는 재미를 한껏 즐길 때에 어버이나 어른은 어린이한테 아무 말이나 함부로 쓰지 않습니다.

말은 갓난쟁이도 배우고 어린이도 배우지만, 푸름이랑 어른도 배웁니다. 푸름이 앞에서도, 또 또래 어른 앞에서, 우리 어른들은 어떤 말을 어떻게 쓰면서 살아가려나요. 서로가 서로한테 참으로 사랑스럽거나 알맞거나 올바르거나 착하거나 참답다 할 만한 말을 나누는지 궁금합니다.

방약무인

　사람은 누구나 거리낌없이 살아야 하며 스스럼없이 어울려야 합니다. 말도 삶도 넋도 거리낄 일이 없어야 합니다. 다만, 눈에 뵈는 것이 없다 하도록 살아서는 안 됩니다. 눈으로 보고 따스히 얼싸안으면서 슬기롭게 살아야 합니다. 건방지거나 괘씸한 매무새가 아니라, 싱그러우면서 해맑은 매무새로 거리낌없고 스스럼없는 삶이어야 합니다.

백절불굴

　어려우니까 어려움을 견딥니다. 힘드니까 힘든 나날을 버팁니다. 어려워도 꺾이지 않고 힘들어도 굽히지 않습니다. 야무지거나 당차게 살아냅니다. 씩씩하며 굳세게 내 삶을 일굽니다.

백척간두

　아슬아슬합니다. 아찔아찔합니다. 간당간당합니다. 오늘날 우리네 물질문명 치닫는 터전은 어느 모로 보나 아슬아슬하고 아찔아찔하며 간당간당합니다. 그러나 이를 느끼는 사람은 그리 안 많습니다.

변화무쌍

　좋은 쪽으로 바꾸는 삶은 아름답습니다. 슬기롭게 고치는 사람은 어여쁩니다. 제대로 못 느껴서 그렇지, 지구별은 날마다 돌고 또 돕니다. 꼼꼼히 못 느껴서 그렇지, 모든 사람은 날마다 새로운 얼굴과 새로운 모습으로 새로운 나날을 맞이합니다. 하루가 모여 한 달이고, 한 달이 모여 한 해이며, 한 해가 모여 한 사람 삶입니다. 쉴새없이 바뀌는 삶이요, 깨닫지 못하는 사이에 크게 바뀌는 사람입니다.

불구대천

좋은 사람하고 함께 살아갑니다. 좋은 사람이니 함께 살아가고 싶습니다. 나쁜 사람하고 함께 살기란 힘듭니다. 나쁘다고 느끼니 하루는커녕 한 시간 함께 있는 동안에도 바늘방석입니다. 서로서로 함께 살아가고 싶을 만큼 내 삶을 아름다이 가꾸고 내 넋을 사랑스레 돌보아야 합니다.

지나치게 많은 사람들이 복닥이는 서울 같은 도시에서는 사람들이 서로서로 사람으로 여기지 못한다고 느낍니다. 사람 발길이 뜸한 외진 시골이나 멧자락에서는 한 사람을 만나도 반갑다고 여긴다지만, 서로서로 살아남자며 다투어야 하는 데에서는 저마다 고운 목숨인 줄 느끼기 어렵기 때문이라고 봅니다. 가만히 보면, 사람뿐 아니라 다른 짐승들도 좁은 우리에 잔뜩 가두어 놓으면 서로 물거나 뜯거나 할퀴며 괴롭습니다. 조그마한 교실에 너무 많은 아이들을 몰아넣으면 공부도 안 될 테지만 아이들끼리도 사이가 좋기 힘들어요. 학급 숫자는 작아야 하고, 학교 크기도 작아야 합니다. 그러나, 학급은 차츰 작아진다지만 학교는 그리 작아지지 않을 뿐더러, 도시 또한 조금도 작아지지 않습니다. 모두들 더 커지려 하고 더 많은 사람을 불러들이려고 해요.

사람들이 사람 스스로 서로를 아낄 수 없을 때에는, 마음으로뿐 아니라 말로도 아끼기 어렵습니다. 사람들이 사람 스스로 서로를 아낄 때에는, 마음으로뿐 아니라 말로도 아낍니다. 입에 발린 고운 말이 아닌 마음에서 우러나오는 고운 말을 우리 스스로 아끼거나 사랑하자면, 우리 삶터부터 좋은 삶터로 일구어야 합니다. 우리 보금자리부터 고운 보금자리가 되도록 가꾸어야 해요.

불철주야

밤낮없이 바쁘게 일하는 보람을 누릴 수 있으나, 밤낮없이 일하는 나머지 내 삶을 갉아먹을 수 있습니다. 쉴새없이 일하기에 즐거운 사람이 있을 테지만, 쉬지 못하며 일하는 바람에 몸이 망가지는 사람이 있겠지요.

비몽사몽

잠을 푹 자지 않는다면 잠결에 허둥지둥하곤 합니다. 멍하니 걷는다든지 얼이 빠진 채 자전거를 몰다가 넘어지기도 합니다. 잠이 덜 깬 채 바삐 움직여야 하는 사람들은 참으로 고단합니다.

사시사철

이 나라에는 봄과 여름과 가을과 겨울이 차근차근 바뀝니다. 자꾸자꾸 더 큰 도시가 생기며 물질문명이 발돋움하는 나머지 봄다움과 가을다움은 그예 사라지는데, 그래도 겨울이 가고 봄이 옵니다. 네 철이 아직은 조금이나마 남았습니다. 철따라 날따라 사람 삶을 일굽니다.

힘든 일을 다 겪어 보았기에 더 씩씩하거나 튼튼하거나 굳센 사람이 있습니다. 고된 일을 말할 수 없도록 겪은 탓에 더 주눅들거나 아프거나 괴로운 사람이 있습니다. 거친 일을 반드시 해 보아야 하지 않습니다. 갖은 어려움을 맛보아야 더 큰 사람이 되지는 않습니다.

상전벽해

열 해만 지나도 멧자락과 냇물이 바뀐다 했어요. 아마 오늘날 도시에서는 한두 해나 한두 달 뒤라도 크게 바뀌곤 하니까, 이런 말은 부질없지 않으랴 싶어요. 놀랄 만큼 바뀌고 어마어마하게 달라지며 끔찍하게 무언가 높다랗게 올라섭니다.

저는 한국사람이니까 우리 집 아이한테 한국말을 건네고, 우리 집 아이는 한국말을 배웁니다. 아이한테 "이제 자자." 하고 우리말을 건넵니다. 아이보고 "취침就寢 시작始作." 하자고 말한다든지 "sleep"을 하자고 말하지 않아요. 아이는 제 어버이가 하는 말을 가만히 들으면서 배웁니다. 아이는 말을 배우고 넋을 배우며 삶을 배웁니다. 어버이 되는 사람은 어버이 말이며 넋이며 삶이며 아이한테 고스란히 물려줍니다. 살아가면서 쓰는 말을 물려주고, 살아가면서 쓰는 말에 깃든 넋을 물려줍니다.

수수방관

팔짱만 끼고 구경하면 늘 그대로입니다. 손을 놓고 지내면 아무것도 달

라지지 않습니다. 먼산만 바라본다든지 냇물 건너 불구경이라면 언제나
제자리걸음입니다.

시의적절

　내 마음에 맞는 사람을 만납니다. 내 몸에 맞는 일을 합니다. 내 마음을
살찌울 책을 읽습니다. 내 몸이 즐거울 터전에서 살아갑니다. 밥은 알맞게
먹습니다. 일도 알맞게 합니다. 잠 또한 알맞게 잡니다. 한 사람 목숨에 걸
맞게 꿈을 꾸고, 내 꿈에 들어맞는 길을 찾으며, 내 길에 알맞춤할 만한 삶
을 일굽니다.

신토불이

　나는 내가 태어나서 자라는 이 터전을 사랑합니다. 바람을 사랑하고 햇
살을 사랑하며 흙을 사랑합니다. 내 몸과 내 땅이 하나라 외칠 수 있으나,
그저 마을사랑이나 동네사랑이나 겨레사랑이나 나라사랑을 생각해 봅니
다. 흙사랑 바람사랑 하늘사랑 햇볕사랑을 바랍니다. 나무사랑 풀사랑 목
숨사랑을 헤아립니다.

십중팔구

　열 가운데 여덟이나 아홉이라면,
거의 모두라는 이야기입니다. 거의
다요, 거의 틀림없다는 뜻입니다.

어떤 사람은 이름만 그럴듯합니다. 허울은 그럴싸합니다. 겉멋 들린 이름이라 할 테고, 겉치레 허울이라 할 테지요. 그러니까 허울좋은 꼴입니다. 겉만 번지르르한 셈입니다. 그렇지만 얼굴이 예쁘장하다거나 몸매가 그럴듯한 사람들한테 눈길을 보내고 마는 요즈음 우리 모습이에요. 얼굴이 아닌 마음을 보라 하고, 몸매나 돈이나 이름값이 아닌 참답거나 착하거나 고운 넋이랑 몸가짐을 보아야 한다고 말은 하지만, 정작 우리 삶은 참답거나 착하거나 곱지 않다 보니까, 그저 몸매나 돈이나 이름값, 곧 얼굴만 바라보고 맙니다.

시골사람은 시골말을 합니다. 시골말은 시골스럽기 마련입니다. 도시사람은 도시말을 합니다. 도시말은 도시빛이 감돌기 마련입니다.

시골사람 시골말이니 시골스러울 뿐입니다. 한자말로 옮겨 '村스럽다'고 할 텐데, 촌스러운 말이든 시골스러운 말이든 얕잡히거나 깎아내릴 말이 아닙니다. 거꾸로 도시사람 도시스러운 말을 우러르거나 높이 살 만하지 않습니다.

서울사람은 서울말을 하고, 인천사람은 인천말을 합니다. 대구사람은 대구말을 할 테며, 밀양사람은 밀양말을 할 테지요.

텔레비전과 인터넷이 발돋움한 오늘날에는 해남사람과 목포사람 말마디가 다르지 않습니다. 전주사람과 광주사람 말마디가, 예산사람과 금산사람 말마디가 벌어지지 않아요. 그렇다고 딱히 서울말 모양새라 할 수 없습니다. 텔레비전 말투라든지 인터넷 말투라고 해야 할까요. 표준말이라기보다 틀에 박은 말마디라고 해야 하나요. 교양 있는 사람들이 쓰는 말씨라기보다 지식에 사로잡힌 말씨라고 해야 할는지요.

저마다 다른 사람들이 저마다 다른 마을에서 저마다 다른 삶을 돌보면서 아끼거나 사랑하던 말마디와 말투와 말씨와 말결이 차츰차츰 잊히거나 옅어지거나 스러집니다.

이목구비

귀와 눈과 입과 코는 귀와 눈과 입과 코입니다. 한마디로 하자면 얼굴 생김새입니다. 우리말은 '눈코귀입'입니다. 그런데, 우리들이 코나 귀나 목 같은 데가 아파서 가는 곳이란 '이비인후과耳鼻咽喉科'이지 '귀 병원'이나 '코 병원'이나 '목 병원'이 아니에요.

인과응보

뿌린 대로 거둔다는 말이 있습니다. 콩 심은 데 콩 난다는 말이 있습니다. 가는 말이 고와야 오는 말이 곱다는 말이 있습니다.

일목요연

우리말은 '또렷하다'와 '뚜렷하다'로 가릅니다. '또릿하다'랑 '뚜릿하다'로 나눕니다. '또렷또렷하다'라든지 '뚜렷뚜렷하다'라든지 '또릿또릿하다'라든지 '뚜릿뚜릿하다'로 가지를 뻗습니다.

일사천리

　냇물은 거침없이 흐릅니다. 송송 구멍이 난 문틈으로 바람이 숭숭 들어옵니다. 솔솔 부는 봄바람처럼 봄을 맞이해 얼음이 녹은 도랑이나 골짜기에서도 물은 솔솔 흐릅니다. 막힘이 없습니다. 거리끼거나 거치적거리나 걸리적거리는 무엇 하나 없습니다.

일언반구

　한마디로 할 수 있고, 만 마디나 즈믄 마디로도 할 수 있는 말입니다. 대꾸는 한마디로 할 만하며, 몇 시간 끝없이 줄줄 쏟아내면서 할 만합니다. 때로는 한마디조차 대꾸할 만한 값어치가 없기도 하겠지요.

　새근새근 잘 자던 아이가 새벽에 쉬 마렵다고 깨어나더니 다시 잠들지 않습니다. 조잘조잘 노래를 부르면서 잠자리에 누운 채 놉니다.

　아이가 종알종알 떠들듯이 외는 소리를 듣습니다. 아이가 고우면서 바른 말마디로 쫑알쫑알 노래를 부르면 참 듣기 좋습니다. 마치 새벽나절부터 날갯짓하는 멧새와 같은 노래로구나 하고 느낍니다.

　이 아이도 언젠가는 영어를 배우겠지요. 나중에 일본말이든 중국말이든 프랑스말이든 저 배우고픈 대로 나라밖 다른 말을 배우겠지요.

　스스로 바라거나 좋아서 배우려 한다면 얼마든지 즐겁고 알차게 배우리라 생각합니다. 우리 아이가 스스로 좋아하는 대로 이런 말도 배우고 저런 말도 배운다면 기쁩니다. 우리 아이가 지식쌓기나 (시험)점수따기를 꾀하면서 이런 말이나 저런 말을 배우려 한다면 슬픕니다.

일파만파

어떤 일이든 널리 퍼질 수 있고, 조금도 안 퍼질 수 있습니다. 마치 물결처럼 차츰 커질 수 있지만, 마치 꽃다지 잎사귀 사이로 부는 바람처럼 잔잔할 수 있습니다. 자꾸 커지든 조금씩 잦아들든 그다지 대수롭지 않습니다. 커지다가도 작아지고, 잦아들다가도 불거지면서 하루하루 이어갑니다.

자격지심

남우세스럽다 느끼는 사람이 있으나, 떳떳하게 여기는 사람이 있습니다. 남부끄럽다 느끼는 사람이 있지만, 꿋꿋하게 여기는 사람이 있습니다. 모자라거나 어리숙하다고 느끼는 사람이 있는 한편, 당돌하거나 당찬 사람이 있습니다.

자초지종

모든 일은 일어난 까닭이 있습니다. 아무 까닭 없이 생기는 일이란 없습니다. 처음부터 끝까지, 밑뿌리부터 줄기 끝까지 찬찬히 살피거나 헤아리면 왜 일어났으며 어떠한 일인가를 알 수 있습니다. 어디에서 비롯했는가를 알자면 하나부터 열까지 곰곰이 돌아보면 됩니다.

장삼이사

글을 쓰는 사람이나 글을 읽는 사람이나 한결같이 같은 사람입니다. 누구나 수수한 사람이요, 수수한 이웃이며, 수수한 벗입니다. 더 잘나거나 더 못난 사람이란 없습니다. 때때로 이름이 난다든지 높을 수 있겠지요.

그러나 아무리 잘난 사람이라 하더라도 밥그릇을 둘씩 셋씩 비우지 못합니다. 아무리 못난 사람일지라도 저마다 주어진 목숨대로 예순 해도 살고 여든 해도 삽니다.

적막강산

사람들이 떠나 버린 요즈음 시골마을은 퍽 조용하며 쓸쓸합니다. 온통 도시만 바라니까 시골마을은 나날이 고요하면서 외롭습니다. 그런데, 도시라 해서 그다지 다르지 않습니다. 더 큰 도시로 몰리는 사람들인 나머지 작거나 어중간한 도시 또한 자꾸자꾸 조용해지거나 쓸쓸해집니다. 가장 커다란 도시만 북적거립니다. 아니, 큰 도시일수록 시끄럽습니다. 커다란 도시일수록 어지럽거나 어수선합니다.

쉽게 말하면 알아듣기 쉽습니다. 어렵게 말하면 알아듣기 어렵거나 알아듣지 못합니다. 사람들하고 이야기를 나누려 한다면 내 마음을 살뜰히 나누려 한다는 뜻이니까, 쉽게 말해서 쉽게 알아듣도록 해야 올바릅니다. 그러나, 날이 갈수록 쉽게 말하는 사람이 줄어듭니다. 다들 어렵게 말하거나 영어라든지 고사성어 같은 말마디를 섞습니다.

겉치레가 지나친 우리 삶터입니다. 껍데기가 너무 많은 우리 터전입니다. 겉치레가 넘치다 보니, 우리가 나누는 말에도 겉치레가 가득합니다. 껍데기를 자꾸 씌우다 보니까, 우리가 주고받는 말에도 껍데기가 그예 흘러넘칩니다.

가는 말이며 오는 말이며 그다지 곱지 못하고 맙니다. 가르치는 말이며 배우는 말이며 그리 아름답지 못하고 맙니다. 말이 아름답지 못하기에 생각이 아름답게 거듭나지 못하고, 생각이 아름답게 거듭나지 못하니, 삶이며 사람이며 사랑이며 아름답게 새로워지지 못합니다.

적반하장

방귀 뀐 놈이 되레 큰소리일 때가 있습니다. 엉뚱하게 목소리를 높이는 사람이 있습니다. 뻔뻔하거나 건방지다고 해야 할까요.

절해고도

홀로 멀리 떨어진 섬은 외로워 보일 수 있습니다. 참말 외로울 수 있으나, 외롭지 않고 씩씩하거나 꿋꿋하면서 즐거울 수 있어요. 되레 북적북적 사람들 많은 큼지막한 도시가 외딴섬처럼 외로울 수 있는 오늘날입니다.

좌불안석

앉았어도 앉은 듯하지 않으니까 걱정스럽거나 조마조마합니다. 그러니까 바늘방석입니다. 바늘방석은 바늘걸상이나 바늘자리가 되기도 할 테지요. 걱정이 가득하고 근심이 넘칩니다.

지리멸렬

　제대로 힘을 모으지 않으면 이리저리 흩어지거나 찢어집니다. 올바로 뜻을 가다듬지 않으면 여기저기 갈라지거나 쪼개집니다.

차일피일

　몸이 아플 때에는 오늘 할 일을 이듬날로 미룰 수 있습니다. 마음이 힘들 때에도 오늘 할 몫을 다음날로 넘길 수 있어요. 그런데, 나 스스로 더 애쓰지 못하거나 힘쓰지 않으면서 이냥저냥 미루면, 또 미루고 말며, 자꾸 미루다가 끝이 납니다.

　좋은 말을 좋은 넋으로 나눌 때에는 나 스스로 좋은 사람으로 거듭난다고 느낍니다. 착한 말을 착한 얼로 주고받을 적에는 나부터 착한 사람으로 다시 태어난다고 느낍니다.

　내가 쓰려는 말에 따라 내 마음이 달라집니다. 내 마음이 달라지는 흐름에 따라 내 삶 또한 달라집니다.

　내 말은 내 사랑이고, 내 사랑이 곧바로 내 삶입니다. 내 삶을 생각하면서 내 마음밭을 돌보고, 내 마음밭을 돌볼 어여쁜 내 말을 살필 수 있으면 기쁘겠습니다.

청산유수

　푸른 멧등성이에 맑은 물이란 무엇을 가리킬까 궁금합니다. 막힘없이 술술 나오는 말이라든지, 거침없이 솔솔 흐르는 말이라든지, 시원스레 샘

솟는 말을 가리키려나요.

촌철살인

　평화를 지키는 군대가 아니라 전쟁을 일으키는 군대입니다. 군대가 있기에 전쟁을 일으키지, 군대가 없는데 전쟁을 일으킬 수 없습니다. 군대라는 곳은 먼저 쳐들어가든 쳐들어오는 쪽을 막으려 하든 '사람 죽이기'를 가르치기 때문입니다. 저는 이들 군대가 싫고, 군대에서 쓰는 말이 싫으며, 빗대는 말로라도 '사람 죽이기(살인)'를 아무렇지 않게 내뱉을 때에는 몹시 싫습니다. 참말 조그마한 쇠붙이로도 사람을 죽일 수 있겠지요. 말 한마디로 천 냥 빚을 지거나 천 냥 빚을 갚습니다. 말 한마디가 사람을 살리거나 사람을 죽입니다.

침소봉대

　온누리에는 큰일도 많고 작은일도 많습니다. 신문이나 방송이나 인터넷에 큼지막하게 나오는 이야기들은 큰일일는지 작은일일는지 모르겠는데, 여느 사람들은 이런 이야기에 쉬 휩쓸립니다. 신문에 실린 일이니 참말 큰일이라 할 만할까요. 내 곁에서 몸져누운 할머니나 동무보다 방송에 나오는 일이 참으로 큰일이라 할 만할까요. 방송국 기자한테는 몸져누운 할머니 한 사람쯤이야 더없이 작달막한 일로 느끼리라 봅니다. 그렇지만 나로서는 우리 집 살붙이 삶만큼 커다란 일이 없습니다. 밖에서 보기에는 작을 수 있는데, 작으면 어떻고 크면 어떻겠어요. 내 삶이고 내 사랑이며 내 사람인걸요. 괜히 떠벌리는 삶이 아닌 수수하게 조그마한 삶이면 됩니다. 어

설피 부풀리는 삶이 아니라 조촐히 오순도순 이루는 삶이면 넉넉합니다.

타산지석

"좀 보고 배우라"고들 했습니다. "얘, 옆집 아무개는 말야." 하면서 흔히 이웃집 아무개를 좀 보고 배우라고들 했습니다. 옆집 아무개하고 나를 견주는 일이란 슬프거나 괴롭습니다. 그렇지만, 나한테 모자라거나 아쉽거나 어설픈 대목이 있으니, '네가 네 오늘 삶으로서 모자라거나 바보스럽다는 소리가 아니라, 네가 더 아름답게 살아갈 길을 한결 다부지며 씩씩하게 북돋아 보아라' 하는 도움말로 삼을 수 있다면, "좀 보고 배울" 수 있습니다.

탁상공론

책상맡에 둘러앉아 목소리를 높인다고 달라질 일이란 없습니다. '책상물림'은 그저 책상물림입니다. '책상이야기'는 그예 책상이야기예요. 텃밭이나 논에 자라는 풀 한 포기라도 뽑을 일입니다. 아침에 일찍 일어나 쌀이라도 씻어 불릴 노릇입니다. 저로서는 우리 집 아이한테 귀엽다 사랑스럽다 착하다 하고 한마디를 더 할 일이고, 말사랑벗으로서는 둘레 동생이나 동무한테 고맙다 좋다 사랑스럽다 하고 한마디를 더 나눌 노릇입니다.

사람은 돈으로 살 수 없습니다. 사랑은 돈으로 사지 못합니다. 삶은 돈으로 사들이지 않습니다. 사람은 사랑으로 살아갑니다. 사랑이 없이 돈만 있다 해서 살아갈 수 있지 않습니다. 돈이 없거나 모자라다면 가난하게 살겠지요. 그런데, 가난하다면 가난하다뿐이지 못나거나 슬픈 삶이 아닙니다. 가난한 사람은 돈만 없지, 사랑이나 삶이 없지 않습니다.

돈이 있대서 사랑과 삶이 늘 함께 있지 않습니다. 돈은 많으나 사랑이나 삶이 없어 슬프게 지내는 사람이 얼마나 많은가요.

말 지식이 많대서 말을 잘 하지 않습니다. 영어를 잘 하거나 한문 지식을 많이 쌓았기에 더 말을 잘 한다든지 글을 한껏 뽐내듯이 쓸 수 있지 않습니다.

영어를 배우는 까닭이라면, 영어로 된 책을 읽거나 영어를 쓰는 사람을 사귀면서 내 삶을 알차게 북돋우고 싶기 때문입니다. 한자 아닌 한문을 익히는 까닭이라면, 지난날 한겨레가 한문으로 적은 책을 되읽으면서 '옛사람 고운 얼'을 아로새기고 싶기 때문입니다.

아무 데서나 영어를 읊지 말아야 합니다. 아무 자리에서나 한자 지식을 늘어놓아서는 안 됩니다. 자랑하는 사람은 나 스스로 바보라고 떠벌이는 셈이고, 뽐내는 사람은 나 스스로 멍텅구리라고 내세우는 꼴입니다.

태연자약

싫은 소리를 들어도 꿈쩍 않는 사람이 있습니다. 모진 소리나 비아냥거리는 소리에도 허허 웃는 사람이 있습니다. 참으로 다부지고, 참말로 씩씩하며, 참 꿋꿋한 사람입니다. 아무렇지 않을 수 있는 매무새는 어디에서 비롯할까요. 거짓없고 꾸밈없기에 허튼 말이나 못난 글에는 마음이 흔들리지 않을까요.

파란만장

힘든 일을 겪었기에 더 튼튼해지는 사람이 있으나, 힘든 일을 겪은 만큼 더 아파하는 사람이 있습니다. 고된 일을 치르며 더욱 단단해지는 사람이 있지만, 고된 일을 치르며 기운이 쪽 빠져 슬퍼하는 사람이 있습니다. 젊은이는 가시밭길을 스스로 걷는다 했지만, 가시밭길이 모든 사람한테 똑같이 보탬이 되지는 않아요.

표리부동

겉과 속이 다른 사람을 알아보기는 힘들 수 있습니다. 겉과 속이 다른 사람을 알아보지 못한 나머지, 나중에 크게 생채기를 입거나 다치곤 합니다. 겉과 속이 다르니 두 얼굴입니다. 두 얼굴 두 마음으로 두 갈래 삶을 꾸리는 셈입니다. 두 얼굴로 사람을 마주하니까, 애먼 사람을 괴롭히지만, 가만히 살피면 애먼 다른 사람보다 나 스스로를 갉아먹는 두 얼굴이요 두 마음이 아닌가 싶습니다.

학수고대

목이 빠지게 기다려도 바라는 일은 안 이루어지기도 합니다. 아니, 목이 빠지게 기다린대서 뾰족히 나아지는 수는 없습니다. 기다릴밖에 없으니 기다리지만, 기다리면서도 내 몸을 움직여 내 힘든 나날을 내 깜냥껏 조금 더 알차게 꾸리고자 마음을 씁니다.

허무맹랑

터무니없는 꿈을 꾸는 일이 꼭 나쁘지 않습니다. 때로는 부푼 꿈에 젖을 수 있어요. 터무니없든 어처구니없든 어이없든 반드시 나쁘다고 할 수 없습니다. 참으로 꿈같은 소리라고도 하는데, 꿈이니까 꿈같은 소리입니다. 꿈을 꾸면서 오늘을 살고, 꿈을 꾸면서 새날을 맞이합니다.

우리가 서로 쓸 말이란, 우리가 서로 사랑하면서 쓸 말입니다. 우리가 함께 나눌 글이란, 우리가 서로 믿고 아끼면서 나눌 글입니다. 내 삶은 지식이 아니고, 내 삶은 지식으로 가꿀 수 없습니다. 내 삶은 사랑이고, 내 삶은 사랑으로 가꿉니다.

듣기 좋은 말이 아니라, 살아가며 좋다고 느끼는 말을 나눌 수 있어야 합니다. 내가 좋은 사람으로 새로워지도록 이끄는 말을 보듬고, 내가 좋은 마음으로 내 좋은 동무를 아끼도록 거드는 말을 보살펴야 합니다.

더 많은 말을 알아야 더 많이 사랑할 수 있지 않습니다. 더 많은 지식을 갖추어야 더 훌륭하거나 좋은 사람이 되지 않습니다.

호구지책

입에 풀조차 바르지 못하는 가난한 살림이 있습니다. 부지런하지 않거나 일을 하지 않기 때문에 입에 풀조차 못 바르는 가난한 살림이 아닙니다. 애쓰고 힘쓰며 용쓰는데도 좀처럼 나아질 낌새가 없는 사람이 아주 많습니다. 겨우겨우 끼니라도 때울 수 있기를 바라는 사람들 몫은 어디에 있을까요.

희희낙락

다 함께 즐거운 삶이면 좋겠습니다. 서로서로 웃고 떠들며 어깨동무할 나날이면 반갑겠습니다. 누구나 기뻐하거나 활짝 웃음꽃 피우는 우리 누리로 거듭나도록 힘을 모으면 고맙겠습니다.

ㅁ. 빛 잃은 말투

우리가 쓰는 말에는 우리가 살아가는 빛을 담습니다. 내가 살아가는 마을에 따라 내 마을빛이 내 말빛이 됩니다. 내가 꿈꾸는 빛깔에 따라 내 말빛이 달라집니다.

말사랑벗이 어여삐 생각하거나 꿈꾸면서 살아간다면, 말사랑벗이 나누는 말마다 어여쁜 빛깔이 감돕니다. 말사랑벗 스스로 슬프거나 힘들게 살아간다면, 말사랑벗이 쓰는 말마디마다 슬프거나 힘든 빛살이 스밉니다.

사랑하는 만큼 돌보는 말입니다. 사랑하는 손길대로 보살피는 글입니다. 사랑하는 마음으로 사랑이라는 선물을 담아 사랑스러운 보배를 펼치는 이야기입니다.

말사랑벗을 비롯한 푸름이가 말을 옳거나 바르게 쓴다면, 말사랑벗을 비롯한 푸름이가 옳거나 바르게 생각하며 살아간다는 뜻입니다. 어른들이 그다지 옳거나 바른 말을 못 쓴다면, 어른들부터 그다지 옳지 못하거나 바르지 않은 삶을 꾸린다는 소리입니다.

착한 마음일 때에 착한 말이 태어납니다. 미운 마음일 때에는 미운 말이 태어납니다. 고운 넋으로 고운 글을 씁니다. 못된 얼에 물들었다면 못된 글을 쏟아냅니다.

말사랑벗은 어른들한테서 말을 배웁니다. 말사랑벗한테 말을 가르치는 어른들은 어른들 스스로 어린이였거나 푸름이였을 때에 어른이던 다른 어른들한테서 말을 배웠습니다.

말은 고이 흐릅니다. 착하게도 흐르는 말이지만 나쁘게도 흐르는 말이요, 아름답게도 이어가는 말인 한편, 얄궂게도 이어가는 말이에요.

머나먼 옛날부터 어른이 어린이와 푸름이한테 곱거나 어여쁜 말을 물려주었을 수 있으나, 이 곱거나 어여쁜 말이 오늘날까지 이어지지 못했을 수 있습니다. 오늘날 어른들이 오늘날 어린이와 푸름이한테 곱거나 어여쁜 말을 물려주지 못하니까, 오늘날 어린이와 푸름이가 어른이 될 먼 앞날에는 우리 어린이와 푸름이가 새로운 어린이와 푸름이한테 하나도 안 고우며 조금도 안 어여쁜 말을 슬프게 물려줄 수 있습니다.

언제나 좋은 말만 듣거나 배우지는 않습니다. 퍽 자주 좋지 못한 말을 들어야 하며, 꽤 흔하게 나쁘거나 못난 말이 맴돕니다. 말사랑벗은 얄궂거나 몹쓸 말을 싫어해서 안 쓴다 할지라도, 참으로 얄궂거나 몹쓸 말마디가 온누리에 가득합니다. 온누리에 가득하다는 얄궂거나 몹쓸 말이니까, 말사랑벗도 이러한 얄궂거나 몹쓸 말마디에 똑같이 젖어들 수 있겠지만, 외려 씩씩하거나 꿋꿋하게 얄궂거나 몹쓸 말을 털거나 씻으면서 어여쁘거나 참다운 말마디를 살찌우거나 북돋우도록 기운을 차릴 수 있어요.

천천히 말을 살피고, 가만히 글을 돌아보며, 살포시 이야기 한 자락 길어올리면 좋겠습니다. 하루아침에 빈틈없이 슬기로운 사람이 되자고 빌기보다는, 하루에 한 가지씩 슬기로우며 사랑스러운 말마디를 아끼면서 가슴으로

품으면 기쁘겠습니다.

가지다

"책을 가지다"처럼 쓰는 말투는 틀리지 않습니다. "넌 무얼 가졌니?" 하고 말할 때에도 틀리지 않아요. 그러나 "예쁜 얼굴을 가진 사람"이라든지 "의미를 가지는 이야기"라든지 "의문을 가지다"라든지 "휴가를 가졌다"라든지 "좁은 국토를 가지고 있는 나라"라든지 "직업을 가지고 있다"라든지 "모임을 가진다"라든지 "전시회를 가진다"라든지 "내 꿈을 펼칠 기회를 가진다"라든지 "공통점을 가진다"라든지 "만남을 가진다"처럼 쓸 때에는 모두 틀립니다. "짧은 역사를 가지다"나 "이와 같은 견해를 가지고 있다"처럼 쓸 때에도 틀려요. 바르고 알맞게 가다듬어, "얼굴이 예쁜 사람", "뜻있는 이야기", "궁금해하다", "쉰다", "땅이 좁은 나라", "직업이 있다", "모임을 한다", "전시회를 연다", "내 꿈을 펼칠 기회를 얻다", "비슷한 대목이 있다", "만난다", "역사가 짧다", "이와 같이 생각한다"처럼 써야 올바릅니다.

그녀

'그녀'는 일본사람이 'she'를 '彼女'로 옮기면서 생겼습니다. 일제강점기에 문학을 하던 한국사람이 일본말 '彼女'를 받아들이면서, 이러한 한자 그대로 쓰기도 했지만, 어설피 한글로 옮긴다면서 '그녀'로 적은 뒤부터 이 말투가 들불처럼 번졌습니다. 곧, '피녀'이든 '그녀'이든 일본말이지 한국말이 아닙니다. 우리말에는 '그녀'가 없습니다. 여자를 가리키는 3인칭 대이름씨는 우리말에 없습니다. 우리말에 없는 대이름씨이니까 이런 말도 새로 만들어야 한다고 생각할 수 있습니다. 그런데, 우리말에는 '피둥피둥 – 포동포동 – 피둥둥 – 포동동'이 있으나, 영어나 일본말에는 이런 말이 없어요. 우리말은 '붉다 – 불그스름하다 – 불그죽죽하다 – 불그레하다 – 발그레하다'가 있으나 일본말에든 영어에든 이런 말은 없습니다. 우리말에는 '그대'나 '이녁'이나 '그이'나 '당신'이나 '자네'나 '저희'나 '네놈'이나 '네년'이 있으나, 영어나 일본말에는 이런 말이 없어요. 영어나 일본말에 없는 이런 말을 영어나 일본말에 새로 만들어 끼워 넣어야 하지 않습니다. 우리는 우리 말투대로 우리 말마디를 적어야 가장 알맞으며 아름답습니다. 남자도 여자도 모두 '그'나 '그이'입니다만, 우리말 빛깔을 돌아보자면, 우리말에서는 3인칭을 가리키는 일이 거의 없을 뿐 아니라, 우리말에서는 '사람이름이나 짐승이름이나 풀이름이나 물건이름'을 들면서 3인칭을 나타냅니다.

것

"할 거니, 안 할 거니?"는 우리 말투가 아니었습니다. "어른이 될 거야"나 "놀리려던 건 아니고"나 "치우는 걸 도와주기도"나 "끓여 먹는 것이 안전하다" 또한 우리 말투가 아니었습니다. "하니, 안 하니?"하고 "어른이 될 테야"하고 "놀리려던 생각은 아니고"하고 "치우는 일을 도와주기도"하고 "끓여 먹어야 안전하다"가 우리 말투입니다.

그것

　“그것이 언제인지는”처럼 적을 때에는 틀립니다. “그때가 언제인지는”
처럼 적어야 알맞습니다. 글 앞머리에 ‘그것’을 넣어 앞 글월을 나타내는
일 또한 우리 말투가 될 수 없습니다. 영어 말투로 ‘this’를 한글로 ‘그것’
이나 ‘이것’으로 옮긴다 해서 우리 말투가 되지 않습니다. 우리 말투에는
3인칭을 쓸 일이 드물듯, ‘그것’이라는 낱말로 앞 글월이나 앞 낱말을 받
는 일은 몹시 드뭅니다. 아니, ‘그것’으로 앞말을 받을 수 없는 우리 말투
입니다. 그대로 앞말을 되풀이하는 말투가 우리 말투입니다. 그리고, “민
주화의 문제 그것입니다” 같은 자리에서는, “바로 민주화 문제입니다”라
든지 “곧 민주화 문제입니다”처럼 ‘바로’나 ‘곧’으로 고쳐 적어야 올바
릅니다.

속

　“땅속”이나 “물속”처럼 쓰는 일이 틀리지 않습니다. “지대한 관심 속
에서”나 “희망 속에서”나 “영화 속 세계”나 “만화 속 주인공”이나 “평화
속에 살 수 없다” 같은 말투가 틀립니다. “크나크게 눈길을 받으며”나
“희망으로”나 “영화 세계(영화에 나오는 세계)”나 “만화 주인공(만화에 나오는 주
인공)”이나 “평화로이 살 수 없다”처럼 적어야 알맞아요. “과정 속에서”도
틀립니다. “과정에서”라 말해야 알맞습니다. “사회 속에서”가 아니라
“사회에서”입니다. ‘in’이나 ‘中’을 어쭙잖게 옮기는 ‘속’은 우리 말투
를 매우 일그러뜨립니다.

서부개척

‘서부개척’이라는 말투는 유럽에서 북중미로 건너간 유럽사람들이 북중미 토박이를 죽이거나 밀어낼 때에 쓰던 말투입니다. 그러니까, 전쟁을 일으켜 착한 사람들을 함부로 죽이거나 괴롭히면서 쓰던 말투예요. 우리 말사랑벗들은 말 한마디가 어디에서 왜 어떻게 태어났는가를 잘 헤아리면서, 사랑 담은 아름다운 말을 보듬어 줄 수 있으면 좋겠습니다.

거칠게 말하다

말사랑벗은 이런 말을 안 씁니다. 말사랑벗한테 말을 가르치거나 지식을 물려주는 어른이 이런 말을 씁니다. 우리말로 “거칠게 말하기”란 무엇일까요. 거칠게 말할 수도 있기는 있지요. 말투가 거친 사람이 거칠게 말합니다. 그런데, "거칠게 말하자면"이라 할 때에는 "어설프나마"라든지 "모자라나마"라든지 "수박겉핥기 같지만"을 가리킵니다. "거친 편견"처럼 글을 쓰는 어른이 있는데, 이 자리에서는 "터무니없는 편견"이나 "어설픈 편견"이나 "말이 안 되는 편견"으로 바로잡아야 합니다.

아래

　일제강점기 그늘은 오늘날에도 짙게 드리웁니다. 일제강점기에서 벗어난 뒤에야 비로소 우리말을 쓸 수 있었다 하지만, 해방이 된 뒤에 우리말을 사랑하거나 아낀 어른은 거의 없습니다. 우리 어른들은 해방이 되자마자 '영어 배워 돈 벌기'에 빠졌습니다. 일제강점기에 일본말을 널리 쓰던 공무원이 공직을 주름잡았고, 새로 권력을 붙잡으려는 사람들은 미국사람한테 잘 보이려고 '일본말 쓰기'에서 '영어 쓰기'로 낼름 갈아탔어요. 이러는 동안 일본 말투 "무슨무슨 下에"를 "무슨무슨 아래"로 어설피 적바림했습니다. "서로의 동의 하에"나 "일본의 지배 아래서"나 "신자유주의라는 이름 아래서"는 모두 똑같이 일본 말투예요. "서로의 동의 하에 이별했다"는 "서로 이야기해서 헤어지기로 했다"라든지 "서로 헤어지기로 했다"로 다듬습니다. "일본의 지배 아래서"는 "일본한테 지배받으며"나 "일본한테 억눌리면서"로 다듬고, "신자유주의라는 이름 아래서"는 "신자유주의라는 이름으로"로 다듬습니다.

자체

　"그 자체"이든 "전시회를 갖는 것 자체"이든 "공포 그 자체였습니다"

이든 "발상 자체가"이든 우리 말투가 아닙니다. 이 또한 일본 말투예요. "그 자체"는 "그대로"입니다. "그 자체가 나쁠 것 없다" 같은 말투라면 "그대로가 나쁘지 않다"로 고쳐야 알맞아요. "전시회를 갖는 것 자체"나 "공포 그 자체였습니다"나 "발상 자체가"는 "전시회가 바로"나 "바로 두려움이었습니다"나 "생각이 곧"으로 고쳐써야 합니다.

었었

우리말 빛깔 가운데 하나로 때매김이 없습니다. 우리말은 지난날과 오늘날과 앞날을 따로 적지 않습니다. 말투로 지난날과 오늘날과 앞날을 갈라요. '-었-'을 넣어 지난날을 가리키기도 하지만, '-었-' 없이 얼마든지 지난날을 가리킵니다. "어제 했던 일이야"라 해도 되지만 "어제 한 일이야"라 해도 됩니다. 그런데, 영어를 가르치거나 배우며 '과거분사'라는 일본 학문 낱말을 쓰는 자리에서 '-었었-'이 튀어나옵니다. 생각해 보면, 영어 말법을 배울 때에 어쩔 수 없이 이런 말투를 쓸밖에 없는지 모릅니다. 그러나, 우리가 살아가는 동안에는 이런 말투를 쓸 수 없고, 써서는 안 됩니다. 학문하는 자리에서 기호나 수식처럼 쓸 수는 있으나, 우리 생각과 삶을 나누는 이야기에는 이런 기호나 수식을 아무렇게나 집어넣으면 안 됩니다.

하지만

글멋을 부린다는 어른들이 '하지만'이나 '해서' 같은 말투를 자꾸자꾸 잘못 퍼뜨립니다. 글 첫머리에 '하지만'이나 '해서'를 넣곤 하는데, 이렇게 쓰든 저렇게 쓰든 모두 잘못이에요. 우리말은 '그러하지만'을 줄인 '그렇지만'입니다. 뜻이 같은 낱말로 '그러나'가 있습니다. '이리해서'나 '그리해서'에서 '이리–/그리–'를 잘라 '해서'만 쓰는 일 또한 엉터리입니다. 말사랑벗들은 어른들 엉터리 말투에 길들거나 물들지 않기를 바라지만, 오늘을 살아가는 어른들은 이런 엉터리 말투를 써야 말맛이 산다고 외치기 때문에, 참 까다롭고 근심스럽습니다.

보다

"너보다 내가 키가 크네."처럼 쓰는 자리에서만 쓰는 '–보다'입니다. "보다 나은"이라든지 '보다 빠르게'처럼 외따로 쓸 수 없는 "–보다"예요. 그러나 국어사전조차 이 말투를 함부로 올림말로 다룹니다. 국어사전에마저 실린 말투이다 보니, 말사랑벗이든 어른들이든 자꾸자꾸 잘못 써버릇합니다. 누구보다 말글학자부터 우리말 빛깔을 옳고 바르게 깨우쳐야 합니다.

로부터

'–로부터' 같은 토씨 또한 국어사전에 실립니다. 그렇지만, '–로부터'이든 '–으로부터'이든, 이런 토씨는 일제강점기에 일본말을 우리말로 삼아 써야 하던 때부터 잘못 스며든 말투입니다. "아버지로부터 편지가 왔다"는 우리말이 아닙니다. 우리말은 "아버지한테서 편지가 왔다"입니다. 게다가 '–부터'라고만 적어야 할 자리에 '–로부터'를 적는 일이 흔합니다. "나로부터 할 일"이 아닌 "나부터 할 일"이요, "너로부터 비롯한 일”이 아니라 “너한테서 비롯한 일”입니다.

던지다

공은 던집니다. 종이비행기도 휙 던져야 날아갑니다. 그렇지만 “질문을 던지”거나 “물음을 던질” 수 없습니다. “시사를 던져 줄” 수도 없어요. “묻다”라 할 말을 ‘던지다’라는 움직씨를 붙여서 쓰는 일은 우리 말투가 아니지만, 이러한 말투도 자꾸 뿌리를 내리려 합니다. “시사를 던져 주다”는 “생각하도록 한다”나 “알려준다”나 “느끼게 한다”로 다듬습니다.

답을 주다

물음을 던지거나 줄 수 없는 한편, 답 또한 줄 수 없습니다. “답을 하다”라 할 뿐입니다. “답하다”라 해야 하는데, 외마디 한자말 ‘쏨하다’가 내키지 않으면 ‘말하다’나 ‘대꾸하다’나 ‘이야기하다’나 ‘밝히다’나 ‘알리다’라 하면 됩니다.

한

“한 이라크 남자가 있었다”나 “한 세일즈맨의 죽음”처럼 붙이는 ‘한’은 영어 ‘a(an)’을 고스란히 적바림한 말투입니다. 어설픈 번역 말투입니다. 우리는 “한 대한민국 사람”이 아니라 “대한민국 사람”이고, “진주에 사는 한 고등학생”이 아니라 “진주에 사는 고등학생”입니다.

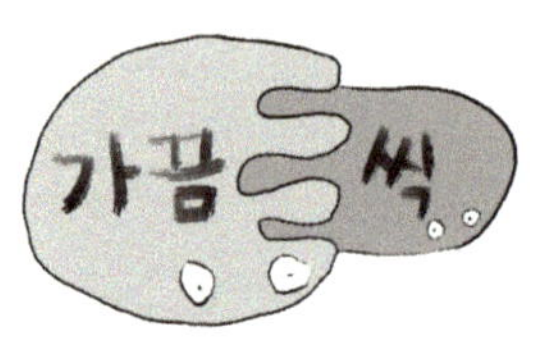
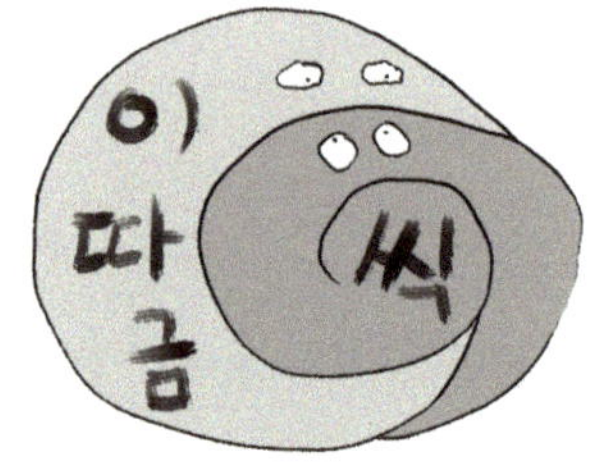

가끔씩

 ‘가끔’ 하고 ‘이따금’ 뒤에 ‘-씩’을 붙이면 겹말이 됩니다. 그러나 국어사전에도 ‘가끔씩’ 하고 ‘이따금씩’이라는 낱말이 제법 실렸습니다. 이런 말풀이나 보기글을 읽던 몇 해 앞서 국어사전 만든 분한테 말씀드려 앞으로는 이런 말풀이와 보기글을 모조리 바로잡겠다는 다짐을 듣기는 했지만, 국어사전을 엮는 분들조차 겹말을 잘못 쓴 대목을 놓치곤 합니다. 기자나 작가나 교사로 일하는 분들 가운데 겹말 아닌 바르며 곱고 착하며 살가운 말마디를 사랑하거나 아끼는 분은 몹시 드뭅니다.

불리다

 이름은 부릅니다. 때와 곳에 따라 “이름이 불리다”라 적을 수 있습니

다. 그러나, "이 물고기는 그루퍼라는 이름으로도 불린다"처럼 적는 자리
는 올바르지 않습니다. "이 물고기는 그루퍼라고도 한다"처럼 적어야 올
바릅니다.

─ㅁ으로써

아마 학교에서는 '─ㅁ으로서'하고 '─ㅁ으로써'를 쓰는 자리가 다르
다고만 배우겠지요. 이러다 보니, "갖고 있음으로써"나 "떠들어댐으로
써"처럼 얼토당토않게 글을 쓰는 사람들이 생깁니다. "갖고 있음으로써"
가 아니라 "가졌기에"나 "가졌으니까"입니다. "떠들어댐으로써"가 아니
라 "떠들어대면서"입니다.

다섯 시 오 분 전

시간을 읽을 때에, 한국사람은 "04 : 55"는 "네 시 오십오 분"이라 읽습
니다. 한국사람은 "05 : 05"를 "다섯 시 오 분"이라 읽습니다. "네 시 오
십오 분"이 아닌 "다섯 시 오 분 전"이라 읽는 말투는 영어 말투요, 영어
말투를 좋아하다 못해 끔찍이 사랑하는 일본사람이 쓰는 뒤틀린 말투입
니다.

애로사항

한자말 '애로隘路'는 "좁고 거친 길"을 뜻합니다. 이 한자말 뜻이 가지
를 뻗어 '걸림돌'이나 '어려움'을 뜻하는 데에까지 쓰는 낱말이 됩니다.
그러니까, 우리말은 '걸림돌'이나 '어려움'입니다. '힘든 대목'이요, 어

느 때에는 ‘고칠 곳’이나 ‘바꿀 대목’입니다.

그래서이다

앞말과 뒷말을 잇는 노릇을 하는 ‘그래서’는 “그래서이다”처럼 쓸 수 없습니다. “그래서 무엇무엇이다”처럼 써야 합니다. 글멋을 엉뚱하게 부리는 사람들 글투에 말사랑벗들이 얄궂게 젖어들지 않기를 빕니다.

두 개 마을

마을은 “한 개 두 개” 세듯이 셀 수 없습니다. “마을 하나 마을 둘”이라 할 수 있을 뿐입니다. “두 개 마을”이 아닌 “두 마을”이고, “세 개 마을”이 아닌 “세 마을”입니다.

나의

‘나의’도 ‘너의’도 우리말이 아닙니다만, 영어사전에서 ‘my’를 풀이하며 ‘나의’라고 적더군요. 말사랑벗이 중학생이 되기 앞서 초등학생부터 배우는 영어에서도 ‘my=나의’입니다. 한국사람은 한국말조차 제대로 가르치거나 배우지 못하는데, 영어를 어떻게 제대로 가르치거나 배울 수 있는지 아리송합니다. ‘나의’라는 말투는 일본말 ‘私の’를 얄궂게 옮기면서 태어났습니다만, 오늘날에는 일본 말투 때문에 쓰는 ‘나의’라기보다 영어 ‘my’를 엉터리로 풀이해서 쓰는 말투라 할 만합니다. 그런데, 일본사람이 영어 ‘my’를 ‘私の’로 풀이하니까, 한국에서 영어사전 만드는 이들이 일본사람이 만든 영어사전을 베끼며 그만 ‘나의’로 적고 말았어요.

−의

　우리말에서는 '− 의'를 쓰는 일이 거의 없습니다. 참말 거의 없으며, 아예 없다 해도 틀리지 않습니다. 우리말에는 사이시옷(ㅅ)이 있습니다. 우리말로 하자면 '나뭇가지'이지 '나무의 가지'가 아니에요. '떡잎'이지 '떡의 잎'이 아닙니다. 사이시옷을 넣을 때에는 넣으나, 사이시옷 없이 앞뒷말을 홀가분하게 잇습니다. 말사랑벗들은 "바람골짜기 나우시카"라는 일본만화를 좋아하는지 궁금한데, 이 일본만화를 일본사람은 "風の谷のナウシカ"로 적습니다. 일본사람은 "바람의 골짜기의"처럼 적어요. 우리는 빨간 빛깔을 '빨간빛'이라 적습니다만, 일본사람은 '赤の色'이라 적습니다. 일본사람은 '빨강의빛'처럼 적는다 하겠어요. 오늘날 한국사람이 쓰는 토씨 '− 의' 씀씀이는 거의 모조리 일본사람이 일본말을 할 때에 쓰는 말투라고 생각해도 틀리지 않습니다.

가급적

　토씨 '− 의'와 함께 '−的'이라는 한자를 붙이는 버릇은 일본사람 말버릇입니다. 우리말은 '되도록'이고, 일본말은 '可及的'입니다. 한글로 '가급적'이라 적어도 껍데기만 한글이지 우리말이 아닌 일본말입니다. 'nature'를 '네이처'로 적는다고 해서 '네이처'가 우리말이 될 수 없습니다.

―적

‘―적’이 붙은 말마디에서는 ‘―적’을 떼고 생각하셔요. ‘―적’을 붙인다 해서 뜻이 깊어지거나 달라지지 않지만, ‘―적’을 붙이면서 우리말이 망가집니다. “마음이 아파요.”라 할 때에 우리말이지, “마음적으로 아파요.”라 하면 우리말이 아닌, 듣도 보도 못한 볼썽사나운 말투입니다.

하고 있다

“하고 있다”라든지 “먹고 있다”라든지 “걷고 있다” 같은 말투를 안 쓰는 사람은 아무도 없다 할 만합니다. 이 말투는 일본 말투 ‘中’이나 영어로 치면 현재진행형 말투입니다. 찬찬히 돌아보자면, 일본사람이 영어 현재진행형을 옮기면서 ‘中’을 썼기 때문에, 일본을 거쳐서 들어오는 영어 말투가 한국땅에서는 “하고 있다” 꼴이 되었다고 느낍니다. 곧, 우리말은 “하다(한다)”와 “먹다(먹는다)”와 “걷다(걷는다)”입니다. “너 뭐 하고 있어?”나 “너 뭐하는 중이야?”는 우리 말투가 아닙니다. “너 뭐 하니?”나 “너 이제 뭐 하니?”라 해야 우리 말투입니다. “학교로 걸어가고 있어.”나 “학교로 걸어가는 중이야.”도 우리 말투가 아닙니다. “학교로 걸어가.”나 “학교로 막 걸어가.”나 “학교로 걸어가는 길이야.”가 우리 말투입니다. “밥을 먹고 있지.” 또한 “밥을 먹지.”나 “이제 막 밥을 먹지.”라 손질해야 우리 말투예요.

한글이나 한자가 없을 때에는 어떤 글을 썼나요?

한글이나 한자가 없을 때에는 글을 쓰지 않았어요. 굳이 글을
써야 한다고 느끼지 않았으리라 봅니다. 아니, 애써 글을 쓸 까닭이 없
었어요. 글을 쓰는 까닭은 내 머리나 마음으로 담지 못하는 이야기가 있기
때문인데, 지난날 사람들 삶으로는 이야기를 더 많이 글로 남겨 책으로 물려
주기보다, 머리와 마음으로 새겨 입에서 입으로 이야기를 물려주었습니다. 흙
을 일구든 살림을 하든 아이를 낳아 키우든, 책이나 글이 아닌 몸뚱이를 움
직이는 삶으로 가르치고 배웠습니다.

한자말은 쓰면 안 되나요?

밑생각을 말씀드린다면, 한자말은 쓰면 안 됩니다. 한자말
은 한자말을 써야 하는 자리에만 써야 합니다. 이는, 영어도
마찬가지예요. 영어는 영어를 해야 하는 자리에만 써야지, 아무 데에서나 영
어를 해서는 안 됩니다. 일본말을 아무 데에서나 써도 되겠습니까. 네덜란드
말이나 핀란드말을 아무 곳에서나 써도 될까요. 한자말은 우리말이 아니라
중국사람이 중국사람끼리 생각을 주고받으려고 쓰는 중국말이에요. 우리는
중국사람이 쓰는 중국말 가운데 우리도 쓰기에 괜찮다 싶은 낱말을 받아들이
곤 합니다. 영어에서도 늘 매한가지예요. 영어 가운데에서도 우리가 쓰기에
알맞다 싶은 낱말을 받아들입니다.
한자말이든 영어이든 일본말이든 러시아말이든 필리핀말이든, 우리 삶과 넋

을 북돋우는 말이라면 곰곰이 살피며 알맞게 가다듬어 받아들일 수 있습니다. 그렇지만, 내 지식이나 정보를 자랑하려고 함부로 쓰는 한자말이나 영어가 될 때에는 올바르지 않아요. 하나도 아름답지 않습니다. 우리가 써도 될 한자말이란 '한자로 지은 중국사람 낱말'이라고 느끼지 않을 뿐 아니라, '따로 한자를 밝힐 까닭 없이 한글로만 써도 누구나 알아듣는 낱말'입니다. 이를테면 '학교'나 '학생'이나 '칠판'이나 '교과서'나 '시험' 같은 낱말이 우리말로 녹아든 한자말입니다.

한자말이 우리말 가운데 절반이 넘나요?

한자말이 우리말 가운데 절반을 넘지 않습니다. 다만, 국어사전에 실린 한자말 숫자는 절반을 넘습니다. 그런데, 국어사전에 실린 한자말 가운데 말사랑벗이 알 만하거나 쓸 만한 낱말이 얼마나 되는지 한번 세어 보셔요.

국어사전에는 말사랑벗뿐 아니라 어른이나 전문가조차 알 수 없는 낱말이 잔뜩 실렸습니다. 우리가 안 쓰는 한자말이 너무 많이 실렸을 뿐 아니라, 예전 조선 때에 궁궐사람이나 지식인만 주고받던 한문 낱말을 아무렇게나 싣기까지 했습니다. 우리가 쓸 까닭이 없으며 모르는 군더더기 한자말을 국어사전에 덜고 나면, 국어사전에 실릴 한자말은 아마 1/4쯤이 되리라 생각합니다.

또 국어사전에 제대로 안 실은 우리말을 차근차근 싣는다면, 국어사전에서 한자말이 차지할 자리는 1/10쯤 되겠지요. 여기에서 한 가지 더 알아야 할 대목이 있어요. 요즈음 사람들이 흔히 쓰는 '한자말'은 그냥 한자말이 아니라, 일제강점기에 일본 제국주의자 때문에 흘러든 '일본말'입니다.

지난날에는 중국사람이 쓰던 중국 한자말을 양반이나 권력자가 즐겨썼고, 요즈음에는 일본사람이 쓰는 일본 한자말을 누구나 아무렇게나 즐겨씁니다. 겉보기로는 한자말이지만, 속알맹이를 살피면 예전에는 중국말이고 오늘날에는 일본말을 쓴다고 해야 맞습니다.

왜 우리는 한자로 이름을 지어야 하나요?

왜 그럴까요? 가만히 생각해 보셔요. 우리가 한자로 이름을 지은 지는 기껏해야 백 해가 채 안 되었습니다. 왜 그럴까요?

지난날에는 양반만 이름을 지을 수 있었고, 양반은 모두 한자로 이름을 지었어요. 더구나, 양반 가운데 남자한테만 항렬을 따지고 십이지를 따지며 한자로 이름을 지었고, 양반 가운데 여자한테는 아무 이름이나 붙이곤 했습니다. 이러한 흐름이 '양반 계급과 권력이 무너지'면서 여느 사람들도 권리를 찾자면서 여느 사람들 또한 이름을 한자로 붙였어요. 이때부터 비로소 한자이름이 막 퍼졌습니다. 그러니까, 굳이 한자로 이름을 지어야 할 까닭이 없기도 하고, 이름이란 내 아이한테 가장 사랑스러우며 어버이로서 가장 아끼거나 좋아할 낱말을 살펴서 붙여야 참으로 아름답습니다.

한글

마. 우리말 살가이 살피기

누구한테 어느 말을 쓰든 내가 어떤 마음이냐에 따라 달라집니다. 겉으로 들리는 말씨로는 높임말인 듯 들리지만, 정작 속으로는 맞선이를 낮추거나 깔보는 마음이라면 이때에는 높임말 아닌 낮춤말인 셈입니다. 말씨로는 낮춤말이지만 맞선이를 아끼거나 사랑하는 마음이 짙다면, 겉으로 보이기에는 낮춤말일 테지만 정작 속으로는 높임말이 됩니다.

ㄱ. 띄어쓰기

우리말에는 띄어쓰기가 없었습니다. 처음 훈민정음이 태어나서 훈민정음으로 쓴 책이든, 지난날 한문으로 쓴 책이든 띄어쓰기를 하지 않습니다. 굳이 띄어서 쓰지 않아도 되는 우리말이며 한문이었기 때문입니다.

오늘날에는 띄어쓰기를 하지 않은 글을 읽기 몹시 어렵습니다. 지난날에는 따로 띄어서 쓰지 않더라도 무슨 이야기를 들려주는가를 훤히 알 수 있었다면, 오늘날에는 하나하나 잘 띄어서 쓰지 않으면 엉뚱한 이야기로 여길 수 있습니다.

띄어쓰기는 알파벳을 쓰는 서양에서 쓰는 글법입니다. 한자를 쓰는 중국이라든지 가나를 쓰는 일본은 띄어쓰기를 하지 않습니다. 다만, 일본책도 띄어쓰기를 아예 안 하지는 않으나, 굳이 띄어쓰기를 하지 않기도 합니다.

글을 쓸 때에 띄어서 쓰는 까닭은, 띄어서 적지 않으면 무슨 글이고 무슨 뜻이며 무슨 얘기인지 알아보기 힘들기 때문입니다.

말사랑벗들이 가만히 생각하면 어렵지 않게 깨달을 텐데, 요즈음 글을 쓰는 사람치고 쉽고 알맞으며 바르게 글을 쓰는 사람은 매우 드뭅니다. 갖은 영어에 한자 지식 자랑이 넘칩니다. 쉽고 바르게 썼더라도 모두 붙여서 적으면 읽기에 만만하지 않을 텐데, 쉽지도 않고 바르지도 않은 데다가 갖가지 영어와 한자를 집어넣은 글일 때에는 띄어서 적지 않으면 읽기에 얼마나 힘들까요.

그러니까, 띄어쓰기란, 읽기에 알맞거나 좋도록 띄자고 하는 글법이요,

서로서로 맞은편 사람을 헤아리는 글쓰기입니다. '글 읽는 사람' 마음이 되어 쓰는 글법이에요.

그런데 우리말 띄어쓰기는 뒤죽박죽입니다. 한 가지로 튼튼히 서지 못해요. 어느 때에는 붙여도 되고 어느 때에는 띄어도 된다고 하는 예외규정이 아주 많아요. 더구나, 정부 국립국어원에서 마련한 『표준국어대사전』에 실린 낱말이면 붙이고, 이 사전에 안 실린 낱말이면 띄어야 한다는 틀까지 있습니다.

한편, 국어사전에 안 실렸으나 '한자로 지은 낱말'은 붙여서 써도 괜찮다는 '말없는 예외규정'이 있어요. 이를테면 '百夢'이나 '千夢'은 국어사전에 안 실립니다. 그런데 이 한자말을 '띄어서 쓰라' 하지 않아요. '百夢'이라면 백 가지 꿈이고, '千夢'이라면 천 가지 꿈일 테지요. 한자로 지은 이러한 낱말은 붙여서 쓰라 하는데, 이와 비슷하게 '꿈길'을 이야기하듯 '사진길'이나 '책길'이나 '마음길'이나 '사람길'이나 '자전거길'이나 '버스길'을 이야기하려고 하면, 이러한 낱말은 국어사전에 안 실렸으니 띄라고만 합니다. 우리 스스로 우리말을 새롭게 일구거나 빚도록 도와주지 못하는 띄어쓰기인 셈입니다.

띄어쓰기를 옳게 가다듬는 일이란 어려울 수 있으나, 아주 쉬울 수 있습니다. 국어사전에 부록으로 실리는 띄어쓰기 말법을 읽으면 되고, 정 모르겠으면 '내 글을 읽을 사람이 잘 알아보도록 알맞게 띄자'고 생각하면 됩니다.

알고 보면, 신문기자이든 출판사 편집자이든 국어학자이든 빈틈없이 띄어쓰기를 맞추지는 못해요. 중ㆍ고등학교 국어교사나 대학교 국어학과 교수이든 띄어쓰기를 알뜰살뜰 여미지는 못합니다. 학자들조차 띄어쓰기를 제대로 맞추지 못하는 나머지 '늘 국어사전을 다시 들추고 규정을 거듭 읽으' 면서 살펴야 한답니다.

아무렇게나 띄거나 함부로 붙여서는 안 됩니다만, 글을 쓸 때에 띄어쓰기에 지나치게 매이지 않아야 한결 홀가분하면서 아름다이 내 생각을 펼칩니다. 사랑스러이 말하고 싶어 '사랑말'을 빚을 수 있고, '사랑편지' 뿐 아니라 '사랑일기'를 쓸 수 있어요. 이러한 말마디를 내 나름대로 만들고 싶으면 얼마든지 붙여도 됩니다. '즐겨찾기'가 한 낱말이 되듯, 말사랑벗 스스로 즐기는 말삶을 차근차근 일구면서 좋은 새말을 '붙여쓰기' 하면서 마련할 수 있어요.

언제나 살아 숨쉬는 말입니다. 말사랑벗부터 살아 숨쉬는 고운 목숨입니다.

ㄴ. 한글사랑

한 해는 삼백예순닷새입니다. 삼백예순닷새 가운데 '내가 태어난 날' 인 생일은 꼭 하루요, 설날도 하루이며, 한가위도 하루예요. 예수님이 태어난 날도 하루요, 부처님이 오신 날도 하루이고, 일제강점기에서 벗어난 날도 하루입니다. 달력을 들추면, 나무를 심는 날이라든지, 한겨레 역사가 열린 날이라든지, 여러 가지 날이 있습니다. 한 해 스물네 절기도 꼭 하루씩 차지합니다.

한 해에 꼭 하루만 있으니, '내가 태어난 날'에만 내 삶을 기리거나 돌아보거나 사랑해야 하지 않아요. 내가 태어난 하루를 비롯해 다른 삼백예순나흘 동안 나 스스로 나를 아끼고, 내 동무와 이웃과 식구 모두 나를 사랑해 주어요. 나무를 심자는 하루만 반짝 나무를 심고 그치지 않아요. 어린나무를 심거나 나무 씨앗을 심었으면 날마다 꾸준히 들여다보면서 돌봅니다. 잘 자라도록 북돋우고, 잔가지 많이 나면 조금 솎아내기도 합니다. 무럭무럭 크는 나무를 '나무 심은 날' 하루뿐 아니라 언제라도 따스하게 살피며 보듬어요.

한글날도 한 해 가운데 꼭 하루를 차지합니다. 그런데, 한글날은 꼭 하루이지만, 말은 누구나 날마다 하고, 시인이나 소설가나 기자 같은 사람이 아니더라도 곧잘 글을 써요. 일기도 쓰고 숙제도 쓰고 편지도 쓰지요. 쪽종이에 쪽글도 쓰고, 손전화로 꾹꾹 쪽글 보내기도 해요. 곧, 언제나 쓰는 말을 돌아보며 내 말이 아름답도록 생각을 기울입니다. 늘 주고받는 글을 헤아리며 내 글이 어여쁘도록 마음을 씁니다. 한글사랑이란, '한글날 사랑'에 그치지 않아요. 한글사랑이란, 한글로 이루는 내 삶과 꿈을 따사롭게 가꾸는 사랑입니다.

그런데, 이렇게 글과 말을 알뜰살뜰 돌보자면, 먼저 내 삶을 알뜰살뜰 돌보아야 합니다. 글과 말에 담을 삶이 먼저 알차야 합니다. 삶이 알차지 않은데, 생각이나 마음이 알찰 수 없고, 생각이나 마음이 알차지 않다면, 말이나 글은 한낱 빈 껍데기일 뿐입니다.

빈 껍데기인 말이나 글은 구태여 지키거나 사랑할 까닭이 없습니다. 속이 야무지면서 어여쁜 말과 글일 때에 비로소 지키거나 사랑할 만합니다.

좋은 삶으로 좋은 넋을 보듬으면서 좋은 말을 다스려야 합니다. 착한 삶으로 착한 얼을 보살피면서 착한 글을 가다듬어야 합니다. 고운 삶으로 고운 꿈을 돌보면서 고운 이야기꽃을 피워야 합니다.

ㄷ. 한자문화권

한자문화권이란 없습니다. 한글문화권 또한 없습니다. 영어문화권도 없습니다.

한자란, 글입니다. 한글이란, 글입니다. 글이 문화가 되거나 삶이 될 수 없습니다. 글이란, 문화나 삶을 담는 그릇 가운데 하나입니다.

한자문화권이라는 말마디를 쓰는 분들은, 지난날 한국땅 임금과 신하와 지식인과 양반쯤 되는 사람들이 '한자로 글을 쓰고 한문으로 말을 했기 때문'에 이처럼 한자문화권을 이야기합니다. 그러면 지난날 조선이든 고려이든, 임금과 신하와 지식인과 양반쯤 되는 사람은 이 나라에서 어느 만큼 되었을까요. 푼수로 따지면 몇 퍼센트나 '한자를 알거나 쓰는 사람'이었을까요.

개화기라는 때에 접어들면 '돈으로 양반 계급을 산' 사람들이 늘어나면서 양반 숫자가 어마어마하게 늘어난다고 합니다. 그러나, '돈으로 양반이 되었다'지만, 막상 '그동안 양반 구실을 하던 사람들처럼 한자라는 글을 알거나 쓰는 사람'은 늘지 않았습니다.

중남미에서 살아가는 겨레는 포르투갈과 에스파냐라는 나라가 끔찍하게 짓밟아 식민지로 삼은 바람에 제 겨레말을 모조리 빼앗겼습니다(저는 '스페인'이 아닌 '에스파냐'라고 적는데, '스페인'은 '에스파냐'를 영어로 가리키는 이름입니다. '네덜란드'를 영어로 가리키는 이름은 '더치'입니다.). 그렇지만, 쿠바나 아르헨티나나 칠레나 브라질이나 볼리비아나 에콰도르 같은 나라에서 살아가는 사

람들을 일컬어 '에스파냐 문화권'이라든지 '포르투갈 문화권'이라 하지 않습니다. 그냥 '중남미 문화'라고 일컫습니다. 이들은 모진 식민지살이를 하는 동안 제 겨레가 쓰던 말을 남김없이 빼앗기거나 잃었지만, 포르투갈말을 쓰든 에스파냐말을 쓰든 오롯이 '중남미 겨레 삶'을 일구기 때문에 '중남미 문화'라고만 말합니다. 티벳사람은 티벳 문화이지 중국 문화가 아닙니다. 네팔사람은 네팔 문화이지 인도 문화가 아닙니다.

우리는 이곳 한국땅에서 한국 문화를 일굽니다. 우리는 중국 문화나 일본 문화를 일구지 않습니다. 지난날에는 중국을 섬겨야 하는 사대주의에 시달렸다지만, 사대주의를 펼친 사람은 '한자를 알거나 쓰는 사람'뿐이었지, 흙을 일구던 여느 사람이 아니었어요. 시골에서 흙을 일구던 사람이나 바닷가에서 고기를 잡던 사람은 '사대주의'도 모르고 '한자'도 모르며 살았습니다. 농사꾼하고 고기잡이는 사대주의이든 한자이든 알지 못했다지만 언제나 즐겁게 잘 살았어요. 서로 돕고 함께 나누며 두레와 품앗이를 즐겼습니다. 어쩌면, 지식권력을 누리던 분들은 한자문화권이라 할 만하고, 여느 사람들은 두레마을이나 품앗이마을이라 할 만한지 모릅니다.

'한자문화권'이라는 이름은 이 나라에서 권력을 움켜쥐던 '한자를 알거나 쓰는 사람'이 누리는 문화이자 권력이라는 뜻을 나타냅니다. 백성을 다스리던 임금과 신하와 양반들 문화이자 권력이 곧 한자문화권이에요. 그러니까, 여느 사람들인 백성들 삶이나 문화는 한자문화권이 아닙니다.

오늘날을 돌아본다면, 공무원이나 교사나 지식인이나 기자 같은 사람은 한자문화권이라 할는지 모릅니다. 그렇지만, 저잣거리에서 장사를 하거나 버스를 몰거나 공장에서 기계를 다루는 여느 일꾼들 삶은 한자문화권이 아니요, 한자문화권일 수 없습니다. 애써 따진다면, 오늘날 우리 삶은 '한글문화권'입니다. 다만, 우리들이 한글을 쓴대서 한글문화권 같은 이름을 붙이는 일은 어울리지 않아요. 한국사람이니까 한글을 쓴다지만, 껍데기는 한글일지라도 속알맹이를 들추면 우리말다운 우리말을 제대로 못 쓰는데, 한글문화권 같은 이름만 갖다 붙인다 한들 무슨 쓸모가 있겠어요.

이런 문화권이나 저런 문화권이라는 울타리는 덧없습니다. 말사랑벗님은 말사랑벗님 마음밭을 일구면서 사랑씨앗을 돌보는 아름다운 말마디를 북돋우면 됩니다. 우리 겨레 어여쁜 말을 사랑하면서, 한자말 가운데 쓸만한 한자말은 들온말(외래말)로 받아들이고, 우리로서는 아직 우리 깜냥껏 풀어내거나 짓지 못한 영어는 영어대로 외국말로 받아들여서 차근차근 삭이거나 다스리면 됩니다.

ㄹ. 영어 함께 쓰기

저는 중학교에서 영어를 처음 배웠습니다. 중학교에 들어설 때에야 비로소 알파벳을 처음 배웠습니다. 중학교에서 처음 영어를 배울 때에 미리 알파벳이나 교과서를 익힌 아이가 있기도 했지만, 이런 아이는 한둘밖에 없었습니다. 모두들 꼬부랑 글씨를 처음 그렸습니다.

'다른 나라에서 쓰는 말'인 영어를 가르치는 사람들은 으레 '영어는 어릴 때부터 가르쳐야 더 잘 배운다'고 이야기합니다. 틀린 말은 아닙니다. 일찍부터 영어를 가르치니까 더 잘 배울밖에 없습니다. 한문도 이와 마찬가지예요. 어릴 때에 한문을 가르치면 한결 잘 배울밖에 없어요. 일본말이든 중국말이든 러시아말이든 덴마크말이든 이와 같아요. 또한, 우리말도 어릴 때부터 제대로 가르치면 제대로 배웁니다.

생각해 볼 노릇입니다. 이 나라 대한민국에서는 우리들이 어릴 때에 우리말을 제대로 가르치지 않습니다. 교과서로 가르치는 '국어' 수업이 있고, 중학교 즈음부터는 '문법'과 '문학'을 따로 가르치기는 하지만, 막상 우리 겨레가 예부터 즐겁게 쓰던 말마디를 옳고 바르게 가르치는 데에는 마음을 기울이지 않아요. 바른 말 고운 말 예쁜 말 멋진 말이 아니라, 살아가는 동안 알맞고 즐겁게 나눌 말을 참다이 가르치지 않습니다.

영어도 어릴 때에 가르쳐야 더 잘 배웁니다만, '착하게 살아가는 매무새' 또한 어릴 때에 가르쳐야 더 잘 배웁니다. 농사일도 어릴 때에 가르쳐야 더 잘 배워요. 내 동무와 짐승 목숨이며 풀과 나무를 사랑하는 넋 또한 어릴 때부터 차근차근 가르쳐야 더 잘 배웁니다. 이뿐 아니라, 어릴 때에 착한 매무새, 참다운 넋, 고운 마음을 슬기롭게 가르쳐서 몸에 스며들도록 이끌지 않는다면, 푸름이를 지나 어른이 되는 동안 착하거나 참답거나 곱게 살아가지 못하기 일쑤입니다.

요즈음은 대통령이나 정치꾼이나 공무원이나 교사 같은 어른들은 영어를 참 쉽게 흔히 아무 데에서나 씁니다. 한자말로 하자면 '영어공용화'라 하고, 우리말로 하자면 '영어 함께쓰기'가 일찍부터 이루어졌다 할 만합니다. 나라에서 법으로 삼지 않았을 뿐, 대한민국이라는 나라에서는 벌써부터 '영어라는 말'은 '한국말이라는 말'보다 높고 크며 대단한 지위와 권력을 움켜쥐었습니다.

말사랑벗들은 어린 날부터 '우리말을 제대로 배운' 일이 드물지 않겠느냐 생각합니다. 말사랑벗들은 어린 날부터 요즈음을 거쳐 앞으로도 '영어를 더 잘 배우는' 데에 훨씬 많은 나날을 보내지 않겠느냐 생각합니다.

토익이나 토플 같은 영어시험을 잘 치르는 공부는 오래오래 하겠으나, 우리가 늘 주고받거나 쓰는 말글을 제대로 가다듬도록 하는 공부는 얼마나 할 수 있을까요. 누가 시켜서가 아니라 스스로 우리 겨레 말글을 참다이 익히거나 살피는 데에는 얼마만큼 품과 땀과 뜻과 사랑을 바칠 수 있는가요.

영어는 영어답게 배워야 합니다. 우리말은 우리말답게 배워야 합니다. 영어는 영어를 쓰는 나라에서 살아가는 사람들하고 '내 마음과 생각과 뜻과 사랑과 믿음'을 알뜰살뜰 주고받을 수 있도록 제대로 배워야 합니다. 우리말은 우리말을 쓰는 이 나라에서 살아가는 사람들하고 '내 이야기와

삶과 꿈과 얼’을 오순도순 나눌 수 있게끔 제대로 배워야 합니다.

영어를 배울 때에, 누군가는 말을 술술 잘 하도록 배울 수 있습니다. 영어를 배우는 자리에서, 누군가는 글을 신나게 잘 쓰도록 배울 수 있습니다. 영어를 배우는 마당에서, 누군가는 영어를 똑똑히 잘 들어서 영화를 재미나게 볼 만큼 배울 수 있습니다. 영어를 배울 때에, 누군가는 영문학과 영어로 된 책을 기쁘게 읽으며 학문길을 닦도록 배울 수 있어요.

다 다른 사람들이 다 다른 쓰임새에 걸맞게 배울 영어입니다. 저마다 다른 꿈과 뜻을 품에 안으면서, 저마다 다른 꿈과 뜻을 펼치는 길을 밝히고자 배울 영어예요.

영어는 외국말입니다. 외국말은 외국말을 어디에서 어떻게 써야 하는가를 살피면서 배워야 합니다. 우리말은 살림말입니다. 삶말인 우리말입니다. 살림말이요 삶말인 우리말은, 언제나 이곳에서 내 이웃하고 동무하고 살붙이하고 도란도란 이야기꽃을 피우는 말입니다.

우리말을 잘 하지 못하는 사람은 번역을 잘 할 수 없습니다. 우리말부터 옳고 바르게 하지 못하고서야 통역을 잘 해내지 못합니다. 우리말을 슬기롭게 하지 못하는데, 영어로 어떤 논문을 쓰겠으며, 영어로 된 논문을 어떻게 우리말로 옮기겠습니까.

네덜란드사람이나 스웨덴사람이나 덴마크사람은 영어를 매우 잘 합니다. 그런데 네덜란드사람은 네덜란드말을 즐겁게 쓰면서 영어를 해야 할 때에는 영어를 씁니다. 스웨덴사람이나 덴마크사람은 영어를 훌륭히 잘하지만, 외국사람하고 마주할 때가 아니라면 늘 스웨덴말이랑 덴마크말만 씁니다.

우리 한국사람인 말사랑벗들은 한국사람하고 한국땅에서 살아가는 동안 한국말을 어여삐 잘 쓰면서, 외국사람을 만나는 자리에서는 스스럼없이 영어를 솔솔 나눌 수 있는 아름다운 사람으로 살아가면 고맙겠습니다.

ㅁ. 높임말과 낮춤말

우리가 쓰는 말에는 여러 갈래가 있습니다. 먼저, 말하는 사람과 듣는 사람을 한 자리에서 놓으며 주고받는 '여느 말'이 있습니다. 여느 말은, 여느 말을 듣는 사람과 여느 말을 쓰는 사람을 같은 자리 같은 넋 같은 목숨으로 여기면서 나누는 말입니다. 다음으로, 말하는 사람하고 마주하는 사람을 높이는 말인 '높임말'이 있습니다. 높임말은 나이로 칠 때에 나보다 나이가 많은 사람인 웃사람한테 쓰는 말이라고 하지만, 꼭 나이가 많은 사람한테만 쓰는 말이 아닙니다. 나이가 많은 사람한테도 쓰는 말이요, 내가 높이거나 우러르거나 좋아하는 사람한테도 쓰는 말이 높임말입니다. 그리고, 나보다 나이가 적은 사람한테 쓰는 낮춤말이 있습니다. 손아래인 사람이니까 가볍게 주고받는 낮춤말이 돼요. 때로는 신분과 계급으로 사람을 나누면서 나보다 신분과 계급이 낮은 사람한테 쓰는 말이 되기도 하는 낮춤말입니다. 여기에, 아무한테나 마구 쓰는 '막말'이 있어요. 막말이란, 이 막말을 듣는 사람 나이나 신분이나 계급을 하나도 안 살피면서 마구 내뱉는 말입니다. 듣는 사람 마음이 어찌 되건 아랑곳하지 않는 말이에요. 낮춤말이란 나와 마주한 사람을 낮게 보고 하는 말이라면, 막말이란 나와 마주한 사람을 깎아내리며 하는 말입니다.

여느 말 밑에 낮춤말과 막말이 있다면, 여느 말 위에는 높임말이 있고, 높임말보다 더 높이면 섬김말이 됩니다. 아주 높이는 말인 셈인 섬김말입니다.

누구한테 어느 말을 쓰든 내가 어떤 마음이느냐에 따라 달라집니다. 겉
으로 들리는 말씨로는 높임말인 듯 들리지만, 정작 속으로는 맞선이를 낮
추거나 깔보는 마음이라면 이때에는 높임말 아닌 낮춤말인 셈입니다. 말
씨로는 낮춤말이지만 맞선이를 아끼거나 사랑하는 마음이 짙다면, 겉으로
보이기에는 낮춤말일 테지만 정작 속으로는 높임말이 됩니다.

겉 다르고 속 다른 말보다는 겉과 속이 같은 말이 아름답습니다. 내 마
음을 곱게 담으면서 내 마음을 착하게 다스리는 말을 쓸 때에 즐겁습니다.

ㅂ. 비슷한 말

우리말 '다다르다'와 '닿다'와 '이르다'는 다 다릅니다. 다 다르면서 비슷합니다. '가엾다'와 '불쌍하다'와 '딱하다'와 '안쓰럽다'는 모두 다릅니다. 모두 다르면서 어슷비슷합니다. '곱다'와 '예쁘다'와 '예쁘장하다'와 '아름답다'와 '아리땁다'와 '어여쁘다'와 '귀엽다'는 저마다 다릅니다. 저마다 다르면서 닮습니다.

이 낱말들이 다르다면 어느 대목에서 다르고, 비슷하다면 어느 대목에서 비슷할까요. 또, '비슷하다'와 '닮다'와 '어슷비슷하다'와 '비슷비슷하다'는 어떻게 다르면서 어떻게 이어졌을까요.

'길다' 하고 '기다랗다' 하고 '길디길다'는 어떻게 다르면서 비슷할는지요. '덩이'와 '덩어리'는 어떻게 다르면서 비슷할까요. '흰눈'과 '하얀눈'은 똑같은 말일 수 있을까요. 똑같은 말이라면 왜 다르게 적을까요.

우리말은 낱말마다 느낌과 뜻과 세기와 이야기가 조금씩 다릅니다. 그렇지만, 학교에서는 이러한 우리말 빛깔을 가르치지 않습니다. 어쩌면, 못 가르친다고 해야 옳습니다. 어떠한 국어 교과서도 이 대목을 살피지 못하기 때문입니다. 국어 교과서를 엮는 분이든 국어 교사로 일하는 분이든, 또 국어사전을 일구는 분이든 '우리말 느낌 찾기'를 하지 못하거나 하지 않습니다.

'붉다'와 '불그죽죽하다'와 '불그스름하다'와 '불그레하다'가 어떻게 다르며 어떠한 '빨강'을 가리키는지를 찬찬히 나눌 수 있는 미술 교사

는 몇이나 되는지요. 올빼미 소리나 개구리 소리를 제대로 옮겨적을 수 있
는 음악 교사는 몇이나 있을는지요. ‘플러스’와 ‘마이너스’라는 영어하
고 ‘삼각형’과 ‘사각형’이라는 한자말 아닌 ‘더하기’와 ‘빼기’라는 우
리말이랑 ‘세모’와 ‘네모’라는 겨레말을 옳고 바르게 쓸 줄 아는 수학 교
사는 있기나 있을까요.

말사랑벗한테 우리말을 참답게 가르칠 어른은 거의 없습니다. 말사랑벗
이 우리말을 슬기롭게 깨달으며 배우도록 이끌 어른은 하나도 없다 할 만
합니다. 대학교 국어국문학과나 문예창작학과에 들어간대서 우리말을 알
맞거나 알차게 배울 수 있는지 알쏭달쏭하거나 아리송합니다.

비슷한 말을 모른다면 우리 스스로 우리말을 안다고 할 수 없습니다. 비
슷한 말을 제대로 가려서 쓰지 못한다면 우리 스스로 우리말을 옳게 할 줄
안다고 얘기할 수 없습니다. 우리는 외국사람한테 한국말을 어떻게 가르
칠 수 있나요. 한국사람 스스로 ‘차다’와 ‘차갑다’와 ‘춥다’를 똑똑히 가
려쓰지 못하는데, ‘서늘하다 – 썰렁하다 – 시원하다 – 스산하다 – 싸늘하
다 – 사늘하다 – 설렁하다 – 살랑하다 – 쌀랑하다’ 같은 말마디를 알맞게
가려서 쓰지 못하는데, 어느 외국사람한테 어떠한 한국말을 가르친다 말
할 수 있는가 모르겠습니다.

‘걷다’와 ‘거닐다’를 생각하고, ‘멈추다’와 ‘멎다’와 ‘그치다’와 ‘그
만두다’를 생각하며, ‘마치다’와 ‘끝내다’와 ‘마무리하다’와 ‘끝맺다’
를 생각해야 합니다. ‘즐겁다’와 ‘기쁘다’를 생각하고, ‘생각하다’와
‘헤아리다’와 ‘살피다’와 ‘여기다’와 ‘돌아보다’와 ‘톺아보다’를 생각
하며, ‘섬기다’와 ‘모시다’와 ‘받들다’를 생각해야 합니다.

제가 이런 낱말 저런 낱말 쓰임새를 하나하나 들거나 풀이말을 밝히거나 보기글을 적어 본다 해서 말사랑벗이 이 낱말들을 올바르게 알 수 있지 않습니다. 제가 낱낱이 밝히거나 적거나 알려준다면, 그저 말지식 늘어놓기가 될 뿐입니다. 말지식이 아닌 말삶을 가다듬어야 할 말사랑벗 스스로 이러한 낱말을 혀에 얹어 또르르 굴려야 합니다. 말사랑벗 스스로 이러한 낱말을 알맞게 쓰면서 스스로 부딪혀 깨달아야 합니다. 어른들이 만든 국어사전이 참 어설프지만, 국어사전이 아닌 삶에 기대거나 삶을 붙잡으면서 우리말을 우리말답게 쓰며 웃을 줄 아는 푸름이로 씩씩하거나 당찰 수 있기를 꿈꿉니다.

ㅅ. 썩소

국어사전에는 실릴 턱이 없는 '썩소'라는 낱말이 있습니다. 푸름이라면 누구나 이런 낱말을 알 뿐 아니라 꽤나 자주 쓰리라 생각합니다.

국어사전에는 안 실리지만, 누리사전에는 실리기에, 누리사전 말풀이를 찾아보니, "'썩은 미소'의 줄임말. 한쪽 입꼬리만 올리며 미소를 띠는 것으로 상대방을 비웃는 듯한 표정을 말함."이라 적힙니다.

그러니까, 이러한 말풀이를 따른다면, '썩소'란 '비웃음'입니다. 그런데 푸름이가 썩소라는 낱말을 쓸 때에는 꼭 비웃음을 가리키지만은 않습니다. 비웃음이 아닌 웃음일 때가 퍽 잦아요. 곰곰이 살피면, 썩소란 비웃음보다 '쓴웃음'일 때가 훨씬 잦습니다. 참 잘못 쓰는 낱말인 썩소입니다.

잘못 쓰는 낱말을 바로잡지 않는다면 어떤 일이 벌어질까 말사랑벗 스스로 생각해 보면 좋겠습니다. 잘못된 학교 규칙을 고치지 않는다면 말사랑벗이 학교에 다니면서 어떤 느낌일는지 돌아보면 좋겠습니다. 잘못된 사회 제도를 뜯어고치지 않는다면 우리나라가 어떠한 모습이 될는지 헤아리면 좋겠습니다.

'썩소'라는 낱말을 쓰든 '된장녀'라는 낱말을 쓰든, 저마다 쓰고 싶으니까 쓰며, 쓸 만하니까 쓴다 할 수 있습니다. 잘못된 말이어도 잘못인 줄 못 느끼며 그대로 씁니다.

옳으며 바르게 쓰는 우리말은 '쓴웃음'이나 '비웃음'이라지만, 이런 우리말로는 느낌이 살아나지 않는다고 여긴다면, 제아무리 쓴웃음과 비웃음이 옳고 바른 낱말이라지만 아무도 안 쓸밖에 없습니다.

웃음

① 쓴웃음, 비웃음

② 슬픈웃음, 찬웃음, 씁쓸웃음, 썰렁웃음

③ 엉성웃음, 벙뜬웃음, 바보웃음, 삐딱웃음

④ 똥웃음, 피식웃음, 메롱웃음, 쪼갬웃음

⑤ 씩웃음, 썩은웃음, 째진웃음, 멋쩍웃음

……

푸름이 스스로 여러 가지 웃음을 생각하면 됩니다. 나 스스로 내가 짓는 웃음으로 어떤 모습이 가장 잘 어울릴까를 곱씹으면 됩니다. 우리 겨레가 예부터 지은 웃음말을 하나하나 찾아보거나 살펴보아도 되고, 오늘부터 새롭게 쓸 만한 웃음말을 예쁘게 지어도 됩니다.

학교나 집이나 학원이나 동네에서 그닥 웃을 만한 일이 없기 때문에 웃음말을 생각하기 어려울는지 모르겠습니다. 참말 웃기 어려운 나날이라면 '막힌웃음'이나 '없는웃음'이 될 테고, '무딘웃음'이나 '죽은웃음'이 되기도 하겠지요.

괴롭거나 고단한 웃음보다는 기쁘면서 해맑은 웃음이 피어날 수 있으면 좋겠어요. 아프면서 미운 웃음보다는 착하면서 사랑어린 웃음이 몽실몽실 퍼질 수 있으면 반갑겠어요.

ㅇ. 말꽃과 삶꽃

살빛

　우리나라에는 오래도록 '살빛'이라는 낱말이 있었습니다. 참 오래도록 쓴 빛깔말 살빛인데 몇 해 앞서부터 이 빛깔말이 인권차별을 한다면서 '살구색'으로 바꾸어야 한다고들 이야기합니다. 그나마 바꾸려면 '살구빛'으로 바꿀 노릇이지, '살구色'이라고 쓰라 합니다.

　살빛이라는 낱말이 한겨레붙이와 아시아사람 살빛만 일컫기 때문에, 아프리카사람이라든지 서양사람 살빛하고는 어울리지 않는다 할 수 있습니다. 따지고 보면, 아프리카사람하고 금을 긋는 빛깔말 살빛이라기보다 서양사람하고 먼저 금을 긋던 빛깔말 살빛이에요.

　그런데 색연필이나 크레파스에 있는 살빛은 참말 우리 겨레 살빛이라 말하기는 어렵습니다. 우리 겨레 살빛은 허여멀건 빛깔이 아니기 때문에 그래요.

　제가 어릴 적인 1980년대를 돌아보더라도 또래 동무 살결 빛깔은 '크레파스 살빛'이 아니었습니다. 또래 동무는 으레 '구리빛 살결'이었습니다. '크레파스 살빛'이라 할 만한 동무는 한 반에 한둘 있을까 말까였어요. 가만히 보면 우리가 예부터 익히 쓰던 '살빛'이라는 낱말이 말썽이 아니라, 크레파스를 만드는 회사 일꾼이 말썽입니다. 우리 겨레가 쓸 '살빛 크레파스'라면 우리 겨레 살결을 살피는 빛깔로 만들어야 하는데, 막상 크레파스에 든 '살빛 연필'은 서양사람 살결을 나타내기에 좋은 빛깔이기 일쑤였습니다.

그러니까, 크레파스에서 '서양사람 살결 빛깔'을 닮은 녀석이 들었다면, 이런 크레파스는 살빛이 아닌 살구빛이라 이름을 붙여야 올바릅니다. 그리고, 우리들이 우리 겨레 사람들을 가리키거나 나타내는 자리에서는 마땅히 '살빛'이라는 낱말을 써야 해요. 또한, 사람들 살결 빛깔을 말하는 자리에서도 '살빛'이라고 말해야 합니다. 살빛이니까 살빛이지, 애써 '피부색皮膚色' 같은 한자말을 써야 하지 않아요. 나이지리아사람 살빛은 무슨 빛깔이고, 튀니지사람 살빛은 무슨 빛깔이며, 버마사람 살빛은 무슨 빛깔이라고 말해야 올바릅니다.

말사랑벗은 여기에서 한 가지를 더 생각해 보면 좋겠습니다. 예부터 우리 겨레는 살빛이라는 낱말을 두루 썼는데, 우리 겨레가 예부터 일컫던 살빛이란 어떤 빛깔이라 할 만할는지 곰곰이 생각해 보셔요. 지난날 우리 겨레 여느 사람들은 어디에서 무슨 일을 하던 사람이었을까를 차분히 헤아려 보셔요.

지난날 우리 겨레는 거의 모두 흙을 일구는 사람이었겠지요. 때때로 장사하는 사람이 있었을 테고요. 아주 적은 숫자가 양반이었고, 이 양반 가운데 더 적은 숫자가 궁궐 안쪽에서 임금 노릇과 신하 노릇을 했습니다. 흙을 일구거나 장사를 하는 이 나라 여느 사람들은 늘 햇볕을 쬐면서 일하기 때문에 살결 빛깔이 구리빛이거나 흙빛입니다. 흙하고 함께 살아가니까 저절로 흙빛이요, 햇볕을 늘 쬐니까 구리빛입니다.

서양사람이라 해서 살빛이 다 허여멀겋지 않습니다. 서양사람 가운데 시골이나 멧골에서 흙하고 벗삼으며 살아가는 사람들 살빛은 우리 겨레

농사꾼 살빛하고 어슷비슷합니다. 어느 겨레이든 어느 나라이든 시골이나 멧골에서 살아가는 사람들 살빛은 다 한동아리예요. 또한, 어느 겨레이건 어느 나라이건 도시에서 펜대 붙잡으며 살아가는 사람이라든지 흙하고 동떨어진 곳에서 돈과 이름과 힘을 거느리며 살아가는 사람은 한결같이 허여멀건 살빛이에요.

아시아사람이래서 살결이 누런 빛깔이 아닙니다. 아시아사람일지라도 도시사람이거나 '흙일을 하지 않는 사람'이거나 '권력자나 지식인' 살결은 허여멀겋습니다. 서양사람이더라도 흙일을 하면서 자연과 하나되는 사람들 살결은 언제나 흙빛이거나 구리빛입니다.

우리는 인권차별이라는 울타리를 살피기 앞서, 살빛이란 참말 무엇이 살빛인지부터 똑똑히 알고 바르게 깨달으며 제대로 헤아려야 합니다.

녹색

'녹색_{綠色}'은 일본 한자말입니다. 중국 한자말은 '초록색_{草綠色}'입니다. 우리 한자말은 따로 없습니다. 우리한테는 우리말만 있고, 우리말은 '풀빛'과 '푸름'입니다.

어른들이 으레 쓰는 '녹색'을 살피면, 요즈음에는 '녹색성장'을 뻔질나게 쓰고, '녹색대학'이나 '녹색연합'이나 '녹색병원'이나 '녹색인증'이나 '녹색어머니회'나 '녹색소비자연대' 들이 있습니다. 이 가운데 '녹색대학'은 지난 2008년에 학교이름을 '온배움터'로 바꾸었습니다. 학교이름을 바꾸는 일이란 무척 어렵습니다만, '녹색'이라는 낱말이 우리말인 아닌 줄을 뻔히 안다면, 처음 이렇게 붙은 이름을 나중에라도 바꾸어야

올바릅니다. ‘녹색대학’이라는 이름을 여섯 해 동안 썼으나, ‘온배움터’
로 바꾼 지 어느덧 세 해가 지났습니다. 다른 모임이나 기관에서도 마찬가
지입니다. 스스로 바꾸려 하면 얼마든지 바꿀 수 있고, 스스로 바로잡으려
하면 얼마든지 바로잡을 수 있으며, 스스로 고치려 하면 얼마든지 고칠 수
있습니다.

옳고 바르게 바꾸기란 만만하지 않습니다. 생각과 삶이 굳은 어른으로
서 옳고 바르게 바로잡는 일이란 퍽 힘들다 할 만합니다. 그렇지만 내 아
이를 생각하는 어른이라면 스스로 옳고 바르게 살도록 힘써야 합니다. 입
이나 말로만 착한 척하는 어른이 아니라, 마음과 삶으로 착한 나날을 즐기
는 어른이어야 합니다. 어른들부터 스스로 착한 나날을 즐길 때에 우리 어
린이와 푸름이 누구나 착한 나날을 즐길 수 있습니다. 오늘날 어른들부터
옳고 바르게 착한 나날을 즐기지 못하기 때문에, 오늘날 어린이와 푸름이
는 입시지옥에서 허덕여야 합니다. 어른들이 이룬 삶터가 경쟁과 경제성
장에 목매달기 때문에, 어린이와 푸름이는 학교라는 곳을 배움터가 아닌
입시싸움터로 받아들일 수밖에 없어요.

국어사전을 들춥니다. 국어사전에서 ‘녹색’이나 ‘초록색’을 찾아보면,
녹색 풀이에서는 ‘초록색’을 말하고, 초록색 풀이에서는 ‘녹색’을 말합
니다. 딱히 우리가 알맞고 바르게 쓸 말이 무엇인가를 밝히지 않습니다.
‘풀빛’을 찾아보면 ‘풀색’을 찾아보도록 적는데, ‘풀색’을 찾아보면 ‘초
색草色’을 찾아보도록 적습니다. ‘푸름’이라는 낱말은 아예 안 실립니다.

국어사전을 곰곰이 더 살피면, ‘빨강 – 파랑 – 까망 – 하양 – 노랑’은 실
립니다. 그러나 ‘푸름’만큼은 안 실립니다.

한국사람은 한국땅에서 살아가며 한국말로 빛깔을 옳게 가리키거나 나타내지 못한다고 느낍니다. 아무래도, 가르치는 분부터 생각하지 않고, 배우는 사람도 살피지 못합니다.

재와 같은 빛깔이라서 잿빛입니다. 밤알과 같은 빛깔이기에 밤빛입니다. 벼나 보리와 같은 빛깔일 때에는 벼빛이나 보리빛입니다. 하늘은 하늘빛이라는 낱말 말고는 달리 나타낼 만한 낱말이 없습니다. 흙이기에 흙빛일 테지요. 물은 물빛이요, 겨울날 내리는 눈은 눈빛입니다. 일곱 가지 빛깔로 아름다운 무지개는 무지개빛 아니고는 나타낼 만한 낱말이 없습니다.

푸름이란 푸른 빛깔이요, 풀빛이란 풀 빛깔입니다. 풀이 띄는 빛깔이기에 풀빛이고, 이러한 빛깔을 일본사람이나 중국사람이 한자로 담아 '綠色'과 '草綠'이라 합니다. 우리가 나무를 본다면 나무빛이라 할 테고, 구름을 본다면 구름빛이라 할 테며, 꽃을 본다면 꽃빛이라 할 테지요.

해는 햇빛이고, 달은 달빛이며, 별은 별빛입니다. 바다는 바다빛이요, 진달래는 진달래빛이고, 먹물은 먹빛입니다. 빛깔이란 저마다 드러내는 모습입니다. 빛느낌이란 저마도 풍기는 느낌입니다.

우리들 누구나 마음이 있으니 마음빛을 살핍니다. 우리들 누구나 생각을 하니까 생각빛을 뽑냅니다. 우리들 누구나 슬기롭게 살아가고자 힘쓰면 슬기빛을 길어올립니다. 우리들이 손수 일하며 서로 손을 맞잡을 때에는 손빛이 납니다. 얼굴빛을 보며 서로를 살피고, 몸빛이 해맑도록 늘 다소곳하게 가다듬습니다. 앞으로 이룰 내 삶을 내다보며 꿈빛을 키웁니다. 내가 걷는 이 길에는 내 나름대로 내 땀과 품과 겨를을 바치는 만큼 길빛이 도드라집니다. 내 말에는 내 말빛이 서리고, 내 글에는 내 글빛이 담겨요. 도란도란 이야기를 나누는 이야기빛입니다. 따스하거나 포근히 감싸 안는 사랑빛입니다. 넉넉하며 푸진 믿음빛입니다. 사랑도 믿음도 알뜰히 나누면서 나눔빛을 펼칩니다.

하늘은 파랗습니다. 파란하늘은 파란빛입니다. 들판은 푸릅니다. 푸른 들은 푸른빛입니다. 건널목 신호등은 푸른빛과 노란빛과 빨간빛입니다.

말사랑벗 누구나 아름다운 푸름이로 살아갈 수 있기를 꿈꿉니다. 푸른 마음을 일구는 푸른사랑을 꽃피우면 참으로 기쁩니다. 푸른꿈을 이루도록 푸른땀을 흘리고, 푸른길을 푸른넋으로 걸어가면서 푸른벗을 사귀면 좋으리라 생각합니다. 푸르게 푸르게 살아가고 싶기에, 마음 맞는 사람들이 모여 푸른모임이나 푸른동아리를 열 수 있습니다. 몸과 마음이 하나되어 푸르게 배우는 푸른배움터를 좋은 어른들하고 함께 일굴 수 있으면, 어쩌면 2150년이나 2200년쯤에는 '중·고등학교'라는 딱딱한 이름은 옛날 발자국으로 남기며 '푸른배움터' 같은 푸른말을 빛낼 테지요. '초등학교'는 '어린이배움터' 라든지 '맑은배움터' 같은 새 이름을 붙일 수 있을 테고요.

갈색

'褐色'이 무슨 빛깔을 가리키는지 아는 말사랑벗이 있을까요. '갈색'이라고 한글로 적으면 아마 다들 알겠지요.

그러면 '갈색'에서 '갈'이란 무엇을 가리킬까요.

어른이 보는 국어사전에서는 '갈색'을 "검은빛을 띤 주황색"으로 풀이합니다. 이러한 말풀이를 읽으면서 갈색이 무슨 빛깔을 가리키는지 알 수 있나 모르겠습니다. 말사랑벗뿐 아니라 어른 가운데 이러한 말풀이를 들으면서 갈색인 줄 알아채는 분은 얼마나 될까 궁금해요.

어린이가 보는 국어사전에서는 ‘갈색’을 “밤빛”으로 풀이합니다. 아니, 어린이 국어사전에서는 “밤빛”이 아니라 “밤색”이라고 나옵니다. 어른 국어사전이든 어린이 국어사전이든 ‘빛’이라는 우리 낱말을 알맞고 바르게 쓰지 않습니다.

그러니까, 우리 빛이름은 ‘밤빛’입니다. 중국사람이나 일본사람 빛이름은 ‘褐色’입니다.

‘luxury’를 ‘럭셔리’로 적는다 해서 우리말이 되지 않습니다. ‘럭셔리’는 한글로 적은 글이지만 영어입니다. ‘갈색’ 또한 한글로 적었으되 중국말이거나 일본말입니다.

우리말은 ‘밤빛’입니다. 그리고 ‘도토리빛’입니다. 또한 ‘흙빛’입니다.

흙빛 가운데에는 찰흙빛과 진흙빛과 모래흙빛이 있을 테지요. 뻘흙빛이나 흙탕빛이 있을 테고요. ‘연갈색’이나 ‘진갈색’이라고들 하는 빛깔은 우리말로 나타내자면 어떠한 흙빛이 될까요. 흙빛도 마른흙빛과 젖은흙빛이 있을 텐데, 우리는 흙빛이라 할 때에 어떤 빛깔 어떤 느낌을 떠올리면서 이 낱말을 아기자기하게 살려쓸 수 있을는지요.

상말

이 나라에서 살아온 옛사람들이 당신 삶을 돌아보면서 하나하나 그러모은 말을 일컬어 ‘속담俗談’이라 합니다. ‘속담’을 풀이한 국어사전을 들추면, “예로부터 민간에 전하여 오는 쉬운 격언이나 잠언”이라고 적습니다. 그런데 이 말풀이 밑에는 "속된 이야기"라는 두 번째 말풀이가 붙습니다.

'속俗되다'는 두 가지 뜻이라는데, '속담'이라는 낱말을 일컫는 속되다란, "고상하지 못하고 천하다"를 뜻합니다. 여기에서 '고상高尙'이란 "품위나 몸가짐이 속되지 아니하고 훌륭하다"를 뜻하는 한자말이고, '천賤하다'는 "(1) 지체, 지위 따위가 낮다 (2) 너무 흔하여 귀하지 아니하다 (3) 하는 짓이나 생긴 꼴이 고상한 맛이 없이 상되다"를 뜻하는 한자말입니다.

그러니까, "속담 = 민간이 쓰는 쉬운 격언이나 잠언이면서 속된 이야기 = 고상하지 못하고 천한 이야기 = 지체나 지위가 낮거나 귀하지 않거나 상된 이야기"인 셈입니다. 이러한 '속담'을 일컫는 다른 낱말로 '상常말'이 있습니다. '상말'이란 "점잖지 못하고 상스러운 말"을 뜻한다고 합니다. '상常스럽다'는 "말이나 행동이 보기에 천하고 교양이 없다"를 뜻하는 한자말인데, '常'이라는 한자는 '항상恒常'이라는 한자말을 쓸 때에 들어가는 한자입니다. '늘'을 뜻하는 한자요, '여느'를 가리키는 한자입니다.

일본사람은 우리 겨레 문화를 놓고 '민속民俗'이라 일컬었습니다. 지난날 이런 일본 한자말에 깃든 슬픈 마음을 싫어하는 분들은 '민예民藝'라는 다른 한자말을 지어서 썼습니다. 왜 이 나라 '여느 사람 삶'을 '속되다'고 해야 하느냐고, 이 나라 '여느 사람 삶'이란 '속된 삶', 곧 "지체나 지위가 낮거나 귀하지 않거나 상된" 삶이 아니라 "아름다우며 좋은" 삶이라고 생각했습니다.

이 나라에서 살아온 옛사람은 두 갈래로 나눌 수 있습니다. 첫째, 한자나 한문을 모르면서 살아온 여느 사람입니다. 둘째, 한자나 한문을 잘 알면서 권력과 계급을 누리면서 살아온 양반이나 관료나 궁중 사람입니다.

양반들은 하인이나 장사꾼을 부리거나 부를 때에 '쉬운 한국말'을 씁니다. 왜냐하면 한문을 쓰거나 한자를 섞은 말을 하면 아무도 못 알아듣기 때문입니다. 그러나, 이들 권력과 계급을 누리던 이들은 서로서로 이야기를 나눌 때에 한문으로 이야기를 했으며, 한문으로 편지를 썼고, 언제나 한자를 즐겨썼습니다. 훈민정음이 태어난 뒤에도 훈민정음으로 글을 쓰지 않습니다. 왜냐하면, 아주 쉽게 배워서 쓸 훈민정음이란 권력과 계급을 뒤흔드는 무서운 녀석이라고 여기거나, '지위나 계급이 낮은 여느 사람이 쓰는 글'이라 보았기 때문입니다.

글로 권력과 계급을 누리던 사람들은 중국사람 옛이야기인 '고사성어'

를 목숨처럼 섬기면서 늘 품에 안습니다. '고사성어'란 옛이야기라고만
할 수 없는 말이요, 지난날 이야기 가운데 오늘날 톺아보아도 훌륭한 이야
기이기에 '고사성어'입니다. 다만, 이렇게 오늘날 톺아볼 만한 이야기는
모두 먼 옛날 옛적 이야기이니까 옛이야기라 할 만합니다.

　아무런 권력과 계급을 누리지 못했을 뿐더러, 글 한 줄 모르던 여느 사
람들은 '상말'을 즐겁게 주고받았습니다. 여느 사람들이 나누던 말은 '상
말'이라기보다 '여느 말'입니다. 양반이나 관료나 임금 같은 사람들은 여
느 사람들이 나누는 말을 당신들이 누리던 글 권력인 한자로 이름을 붙여
'常말'이나 '常語'나 '俗談'이라고 이름을 붙였습니다.

　곧, 여느 사람들이 쓰던 '속담'이란 '그냥 옛이야기'인 셈입니다. 글
권력을 누리던 사람들은 '중국사람 옛이야기'인 고사성어를 품에 안은
셈입니다. 흙을 일구거나 고기를 잡거나 장사를 하며 살아가던 여느 사람
들은, 여느 사람대로 흙과 들판과 바다와 멧자락과 하늘과 햇볕과 들짐승
과 푸나무하고 벗삼으며 나누던 여느 옛이야기를 온몸으로 안고 살아왔다
하겠습니다. 오늘날 우리가 아이들한테 고사성어를 가르치는 일이란, 지
난날 여느 사람들을 억누르거나 얕잡아보며 글 권력을 누리던 사람들 글
을 고스란히 물려주는 셈이라 할 수 있습니다.

　어린이와 푸름이한테 '글 권력 누리던 사람들 지식조각'인 고사성어를
배우도록 내모는 일이란 아름다울 수 없습니다. 어린이와 푸름이한테 무
언가 가르쳐야 한다면, 지식조각이 아닌 중국말을 가르쳐야 합니다. 옛사
람이 남긴 한문책을 오늘날 우리말로 옮길 수 있는 한국 한문을 가르쳐야
합니다.

이와 함께, 여느 자리에서 살가이 어우러질 우리 삶자락을 톺아보면서 '여느 말'과 '옛이야기'를 알뜰살뜰 주고받을 수 있도록 도와야 합니다. 누구보다 어른들 먼저 옳고 바르게 여느 말을 쓸 줄 알아야 합니다. 어른들부터 우리 옛이야기를 사랑하거나 아끼면서 따스하며 넉넉한 마음밭을 일구어야 합니다.

인터넷

지난날에는 '컴퓨터통신'에서 쓰는 말 때문에 우리 말글이 무너진다고 이야기했습니다. 이제는 '인터넷'에서 쓰는 말 때문에 우리 말글이 흔들린다고 이야기합니다.

이러한 생각은 아주 틀리지는 않습니다. 그렇다고 아주 맞지도 않습니다.

처음부터 무너질 만하니까 컴퓨터통신에서 쓰는 말에도 무너지는 우리말입니다. 뿌리가 흔들릴 만하기에 인터넷에서 쓰는 말에도 흔들리는 우리말입니다.

밑뿌리를 곰곰이 살피면, 컴퓨터통신이나 인터넷 때문에 무너지거나 흔들릴 우리말이 아닙니다. 우리 스스로 여느 자리에서 우리말을 제대로 아끼거나 사랑하지 않으니까, 컴퓨터통신이나 인터넷 앞에서 무너지거나 흔들립니다. 우리 스스로 여느 때에 우리말을 옳게 배우고 바르게 돌보며 지낸다면, 우리말은 언제 어디에서라도 무너지거나 흔들리지 않습니다.

오늘날 국어교사나 국어교수 가운데 우리말을 옳고 바르며 착하고 곱게 쓰는 분이 얼마나 되는지부터 생각할 노릇입니다. 그러나, 국어교사와 국어교수만 우리말을 옳고 바르며 착하고 곱게 써야 하지 않습니다. 수학이나 역사는 우리말 아닌 미국말로 수업을 하겠습니까. 과학이나 체육은 우리말 없이도 할 수 있겠습니까. 문화이고 예술이고 우리말을 안 쓰면서 할 수 없습니다. 정치이든 경제이든 늘 마찬가지이고, 공무원이건 회사원이건 노상 똑같습니다.

한국에서 살아가는 사람은 누구나 한국말, 곧 우리말을 제대로 배우고 제대로 가르쳐야 합니다. 어릴 적부터 우리말을 참다이 가르치며 참다이 물려받아야 합니다. 푸름이를 거쳐 어른이라는 자리에 들어서는 때에도 옳게 익혀서 알맞게 쓰도록 이끌어야 합니다. 어른이 된 뒤에도 말다운 말을 참답게 쓰도록 늘 돌아보거나 되짚어야 합니다.

기자나 지식인이나 여느 어른은 인터넷에서 쓰는 말을 걱정스러워 하지만, 인터넷이든 컴퓨터통신이었든, 이러한 매체를 쓰는 여느 사람들은 '잘 쓰는 말'과 '잘못 쓰는 말'이 섞입니다. 잘 쓰는 말은 알뜰히 북돋우고, 잘못 쓰는 말은 살뜰히 어루만지면 됩니다. 한마디 말이든 한 줄 글이든 곰곰이 되새기면서 사랑할 수 있으면 됩니다. 논문이나 책이나 신문만 크게 여길 수 없습니다. 일기나 쪽지나 편지부터 살가이 보듬을 때에 말이 말답게 살아납니다. 집에서 식구들과 나누는 이야기부터 예쁘게 쓰다듬을 때에 글이 글답게 살아숨쉽니다.

정부 국립국어원과 민간단체 한글학회에서는 힘을 모아 '인터넷 용어'를 '누리말'이라는 이름으로 다듬었습니다. '인터넷 홈페이지'는 '누리집'이라 일컫기로 했습니다. 다만, 이런 대목에서 그치고 뻗지 못하는데, 우리 스스로 조금 더 마음을 쏟을 수 있으면, 숱한 인터넷 바다를 온갖 우리말로 담을 수 있어요.

누리그물 ← 인터넷포털

누리장터 ← 인터넷쇼핑몰

누리은행 ← 인터넷뱅킹

누리편지 ← 인터넷메일(이메일)

누리이름 ← 인터넷아이디

누리사랑방 ← 인터넷블로그

누리모임 ← 인터넷카페

누리신문 ← 인터넷신문

생각을 생각에서 그치면 하나도 달라지지 못하고, 조금도 나아지지 못합니다. 생각을 우리 삶으로 받아들여 차근차근 다독일 때에 비로소 우리 삶이 달라지면서 아름다이 거듭납니다. 우리말을 빛내려면 내 삶부터 내 손으로 빛내면서 내 넋과 얼을 함께 빛내야 합니다. 우리말을 사랑하는 길은 내 삶자리부터 내 힘으로 일구면서 내 몸과 내 마음을 나란히 사랑하는 길입니다.

ㅈ. 국어사전

국어사전은 국어를 다루는 사전입니다. 영어사전은 영어를 다루는 사전입니다. 우리는 우리말을 이야기합니다. 그러니까, 우리한테는 우리말사전이거나 한국말사전이어야 올바를 텐데, 우리는 그냥 국어사전이라는 이름을 씁니다.

말사랑벗이 학교에서 배우는지 잘 모르겠으나, '국어 國語'는 우리말이 아닌 일본말입니다. '國語'라는 말마디조차 일본말이라니 끔찍하지만, 이 말은 여느 한자말이 아닌 일본말입니다. 일제강점기부터 우리가 끔찍하게 써야 하던 일본말입니다.

오늘날 '국민학교'라는 말을 쓰는 사람은 나이가 좀 든 사람뿐입니다. 오늘날은 모두 '초등학교'입니다. 왜냐하면 '國民학교'라는 이름은 일제강점기에 일본사람이 쓰던 말이었기 때문입니다. 이오덕 님은 '국민학교'처럼 일제강점기 찌꺼기말을 밀어내야 한다고 외치면서 '어린이학교'나 '어린이배움터'라는 이름으로 고칠 수 있기를 꿈꾸었으나, 우리 눈높이와 머리로는 이렇게 이름을 고치기는 힘드리라 생각했습니다. 이렇게 이름을 고치자면 중등학교와 고등학교 또한 새 이름으로 고쳐야 할 텐데, 중(등)학교와 고등학교 이름을 새로 바꾸려고 생각하는 사람은 거의 없기 때문입니다.

'국민학교'라는 이름이 일본말인 까닭을 학교에서 가르치는지 살짝 궁금합니다. '국민학교'라는 이름이 일본말이라면 '국민'이라는 낱말 또한

일본말일 테지요. 아니, '국민'이 일본말이기 때문에 '국민학교'라는 이름을 몰아내자고 그토록 불꽃튀도록 싸우고 애써서 몰아냈겠지요. 마땅한 노릇입니다. 그런데, 정치꾼이나 대통령이라는 분들은 으레 "국민 여러분"이라 말하지요? 은행 가운데에도 '국민'이라는 낱말을 쓰는 곳이 있어요.

'국민'이란 왜 일본말인가 하면, 지난날 '황국신민'이라 할 때에 '황국신민'을 줄여서 '국민'이라 했습니다. 일본은 천황 제도가 아직도 있고, 천황을 기리거나 섬깁니다. 천황을 기리거나 모시는 국민이라는 뜻으로 황국신민입니다. 황국신민이 쓰는 말이기에 '국어'예요. '국사'라는 낱말도 이와 마찬가지입니다.

그러나, 오늘날에 이르러서는 '국민'을 다르게 받아들여서 풀이하곤 합니다. 우리한테는 없던 ‘국민’이라는 일본말은 일제강점기에 슬픈 이야기를 껴안고 들어왔습니다만, 워낙 이 나라 지식인들은 한문을 익혀 한문 또는 한자말로 당신 생각을 펼쳤기 때문에 ‘국민’이라는 일본말을 “한 나라에서 살아가는 사람”으로 풀이하고야 맙니다.

따지고 보면, “한 나라에서 살아가는 사람”이라고 ‘국민’을 풀이할 수도 있고, 이제는 이렇게 풀이하면서 쓸 만합니다. 다만, 우리 나름대로 우리 깜냥껏 이렇게 새로 받아들여 쓸 수 있을지라도, 말뿌리는 옳고 바르게 깨달아야 합니다.

우리한테는 국어도 국민도 국사도 국가國歌도 국기도 없었습니다. 이러한 낱말은 모조리 일본사람이 황국신민 노래를 부르던 때에 스며들었습니다. 우리로서는 적어도 ‘나라말 – 나라사람 – 나라역사 – 나라노래 – 나라깃발’처럼은 쓸 줄 알아야 합니다. 그러나 이나마도 쓸 줄을 모르는 우리나라 사람이에요.

그래도 요사이에는 ‘나랏돈(국비,국고)’이나 ‘나랏일(국사國事)’ 같은 낱말이 제법 쓰입니다. ‘나라살림’이라는 말도 꽤 써요. 국어사전에는 안 실렸으니 띄어서 써야 한다지만 ‘나라이름’ 같은 낱말도 그럭저럭 쓰입니다. 아직 ‘나라사람’이라 풀어서 적을 만큼 우리 눈높이가 거듭나지 못했습니다만, 앞으로는 ‘나라사람’이든 다른 이름이든 우리 스스로 우리 슬기를 빛내어 참다운 한국말을 빚을 수 있어야 한다고 생각해요.

누군가는 ‘시민’이라는 낱말을 쓰지만, 도시사람한테나 시민이지 시골사람한테는 시민이 아닙니다. 서울시 부산시 대구시 춘천시 같은 데에서나 시민이지요. 청원군 괴산군 북제주군 영월군 사람들은 어쩌지요? 시골

사람은 한국사람이 아닙니까. '시민의식' 같은 낱말은 뜻은 좋을는지 모르나 '시민'이라는 말꼴이 그닥 아름답거나 좋다고 여길 수 없습니다.

　이리하여 우리들은 으레 '국어사전'이라 일컫는 사전부터 '한국어사전'이든 '한국말사전'이든 이름을 고쳐서 가리켜야 옳고 바릅니다. 아니면 '우리말사전'이라 해야겠지요. 또는 '한겨레 말사전'이나 '한겨레 낱말책'이라 할 수 있습니다. 낱말을 담은 책인 만큼 '낱말책'이라 할 만한 사전이니까, 말사랑벗들이 우리 사전 이름으로 어떠한 이름이 가장 걸맞을까를 곰곰이 살펴, 좋으면서 슬기로운 이름을 한껏 북돋워 주면 기쁘겠어요. 낱말책 이름이든 사전 이름이든 어른들이 모조리 마련해서 물려줄 수 없거든요. 또한, 머잖아 말사랑벗들 모두 어른 자리에 서며 이 나라를 이끌 테니까, 누구보다 말사랑벗이 얼마나 깨닫거나 찾거나 살피거나 받아들이느냐에 따라, 우리 말삶과 겨레삶과 나라삶 모두 아름다이 거듭나든지 얄궂게 굴러떨어지든지 합니다.

　국어사전에서 한자말이 어느 만큼 차지하든 말든 대수롭지 않습니다. 앞으로 말사랑벗이 알차며 좋은 우리말을 잘 가꾸어 국어사전을 참다우며 예쁜 말책으로 돌볼 수 있으면 됩니다. 국어사전 말풀이가 엉망진창 돌림풀이로 가득하든 말든 대단하지 않습니다. 이제부터 말사랑벗이 알맞으며 올바른 말풀이를 가다듬어 국어사전을 야무지게 일구면 됩니다. 국어사전에 실린 말은 국어사전에 실린 말대로 제대로 쓰면 훌륭합니다. 국어사전에 안 실린 말은 국어사전에 안 실린 말대로 '앞으로는 예쁘게 실릴 수 있게끔' 마음과 힘과 꿈과 사랑을 쏟으면서 예쁘게 살아가면 됩니다.

반갑네요 · 고마워요 · 살펴 가서요

이제 『10대와 통하는 우리말 바로쓰기』를 마무리 지어야겠습니다. 이 작은 책 하나에 모든 이야기를 가득 실을 수는 없습니다. 이 작은 책은 말사랑벗인 푸름이 스스로 푸른말을 느끼거나 살피거나 깨달으면서 천천히 말삶을 돌보도록 돕는 길동무 노릇만 할 수 있습니다. 이 작은 책 하나에 모든 이야기를 알뜰살뜰 실었다고 하더라도 말사랑벗 푸름이가 하루아침에 이 모든 이야기를 낱낱이 꿰뚫거나 '내 것으로 받아들일' 수 있지는 않습니다. 왜냐하면 하루아침에 말사랑벗 스스로 말삶을 새로 다스리거나 말끔히 거듭나도록 돌볼 수는 없으니까요.

그저 반갑게 생각하면 좋겠습니다. 아무쪼록 있는 그대로 고맙게 헤아리면 즐겁겠습니다. 그예 어여쁜 꿈과 사랑과 믿음을 오롯이 보살피면서 오늘 하루 한길을 뚜벅뚜벅 살펴 갈 수 있으면 기쁘겠습니다.

제 마지막 말은 세 마디입니다. 첫째, 반갑네요. 둘째, 고마워요. 셋째, 살펴 가서요. 제가 할아버지와 동네 어르신한테서 배운 세 마디를 우리 푸름이들한테 고스란히 물려주고 싶습니다. 제가 알며 제가 좋아하는 말마디 세 마디이면 넉넉하다고 느낍니다.